「食」の図書館

タマネギとニンニクの歴史

ONIONS AND GARLIC: A GLOBAL HISTORY

MARTHA JAY
マーサ・ジェイ【著】
服部千佳子【訳】

原書房

目次

第2章　中世のタマネギ　45

第3章　旅、交易、民間伝承　65

［……］は翻訳者による注記である。

序章◉

欠かせない名脇役

アダムとエバをだました悪魔がエデンの園から外へ足を踏み出したとき、左足が触れた土からニンニクが、右足が触れた土からタマネギが生えてきた。

――イスラム教のことわざ

◉欠かせないのに称賛はされない

スープに入ったきざみタマネギのなめらかな舌触りに、トマトソースのニンニクの香り――タマネギとニンニクは料理に欠かせないと言っていいだろう。私自身、最もひんぱんに手に取る野菜であり、タマネギをきざんでスープやソースに入れたり、つぶしたニンニクをパスタや野菜の炒め料理に加えたりしない日はほとんどないほどだ。

だが、タマネギやニンニクが主役になることはめったにない。世界で最もよく食される野

ハルツーム（スーダンの首都）のタマネギ市場（1996年）

菜と呼ばれるだけの正当な資格はある――国連の統計によると、タマネギは世界175か国で栽培されており、小麦を栽培している国よりはるかに多い――にもかかわらず、数多くの料理本が、食べた人の息がタマネギ臭くならないようにとの配慮から、タマネギやニンニクの使用量を、その独特の辛みが他の材料を消さない程度に抑えるようにと警告している。

欠かせない野菜なのに称賛はされないという謙虚なタマネギにまつわる数々の物語は、食材の範疇を超えている。タマネギにまつわる言い伝えを追求していくと、その歴史には民間伝承、科学、それに芸術も含まれていることがわかった。タマネギをきざむとなぜ涙が出るのか、それには何か対処法があるのか。ニンニクで吸血鬼から身を守れると言われているのはなぜか。どうやってタマネギで天気を予測するのか。ニンニクのサプリメントを飲めば本当に心臓病を患《わずら》わずにすむのか。

また、英語の「~に精通している（know your onions）」から、フランス語で「余計なお世話だ」を意味する「自分のタマネギのことだけ考えなさい（s' occuper ses oignons）」まで、タマネギとニンニクはさまざまな言語にも慣用句として登場する。ポルトガル語では、忘れっぽい人のことを「腐ったニンニクみたいな頭」と言い、中国では「ニワトリの羽とニンニクの皮」は――料理をしたあと食べられない部分として残ることから――値打ちのないものを指す。日本では、思いがけない幸運を表わすのに「鴨がネギをしょってくる」という言い回しが使われる。

ニンニク、リーキ［日本の白ネギに似た野菜で、ポロネギ、西洋ネギとも呼ばれる］、チャイブ、タマネギ、スプリングオニオン［外見はネギに似ているか、小さな鱗茎《りんけい》を持つ］、シャロット［「エシャロット」と同じ］は、少しずつ味わいは異なるがすべて同じアリウム属［ネギ属とも呼ばれるが、本書では「ネギ」が頻出するため、ラテン語の学名通りアリウム属を使用する］の仲間であり、大昔から人類のよい友人だった。アリウム属には無限とも思えるほど多くの種類があり、それが世界中に広まって、フレンチオニオンスープからハンバーガー、朝鮮半島のニンニクの漬け物に至るまで、料理に甘みと辛みを加えてきた。

◉アリウム属とは何か

タマネギは現存する最古の栽培植物のひとつだ。おそらく人類は穀物を食べる以前からタマネギを食べていた（古代では野生のアリウム属を採取していた）。人類が狩猟採集社会から農耕社会に移行するにともない、野山の植物を畑に移植しては栽培し、収穫するようになった。青銅器時代の定住跡からもアリウム属の遺物が発見されているが、栽培種かどうかは明らかではない。最も大きく、成長の早い鱗茎［地下茎の一種で、養分を蓄えた葉が重なって球

イギリス、戦時情報局のポスター（1941～45年）

状になったもの」をつける苗が選ばれ、それらを交配するうちに、今日の大きくて甘い鱗茎をもつタマネギに近いものになっていった。今日ラテン語の学名 *Allium cepa* として知られる栽培種のタマネギがこのようにして中央アジアで誕生し、時を経ずして広まりはじめた。そして、商人が中東へ持ち込むと一気に世界各地へ広まっていった。

世界には、観賞用を含め５００種から６５０種のアリウム属が存在する。そのうち食用ネギはおもに7種類あるが、おそらく西洋で最も一般的なのは *A. cepa*（アリウム・ケーパ）だろう（cepa はラテン語でタマネギを意味し、スペイン語のセボーリャ cebolla やポーランド語のセブラ cebula などはその派生語だ）。これは大きな鱗茎をもつアリウム属の品種で、ニンニクやネギではなく「タマネギ」と呼ばれて親しまれており、これからシャロットなど多くの品種が生まれた。大きさや形も変化に富み、鱗茎の直径がわずか数ミリという品種もある。

これまでで世界最大のタマネギは、２０１２年にノッティンガムシャー州ニューアークに住むピーター・グレーズブルック氏が栽培したもので、重さはなんと8・19キロ、同氏がもつ以前の記録を56グラム上回った。グレーズブルック氏は、「さぞたくさんのホットドッグが作れることでしょう」と誇らしげに語っている(1)。

タマネギは一定の温度で適切な時間日光を浴びると、鱗茎が形成される。そして、光合成

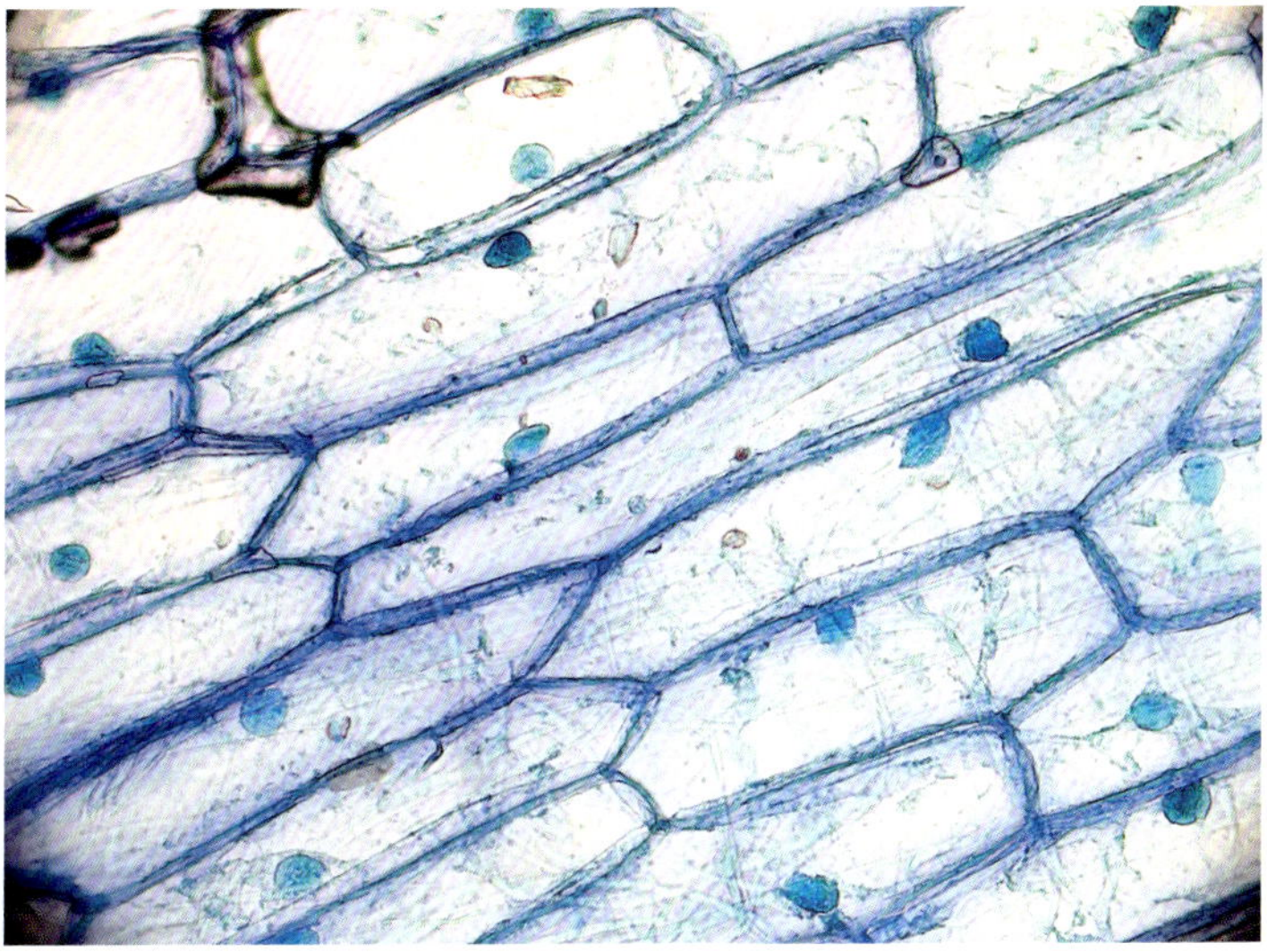

タマネギの細胞をメチレンブルー溶液で染色し、核が見えるようにしたもの。タマネギの層は糖を蓄えた鱗片葉で、細胞1個分の厚さだ。

によって葉で糖が生成され、基部に蓄えられる。基本的に、タマネギの鱗茎は養分を蓄えた鱗片葉《りんぺんよう》が重なって球状になったものであり、鱗茎が多くの層をもつのはそのためだ。

　タマネギは長日種《ちょうじつしゅ》と短日種《たんじつしゅ》に分類でき、長日種のタマネギは1日に14時間の日照を必要とする。多くは北半球で栽培され、夏の間に成長し、秋に収穫する。短日種のタマネギは、鱗茎を形成するのに1日に12時間から14時間の日照を必要とする。多くは赤道地域など、長日種より気温の高い場所で栽培され、秋に植えつけて、冬を越し、春に収穫する。

　だが、すべてのアリウム属が鱗茎を形成するわけではない。食用ネギの中で

チャイブの花

2番目に主要な種であるチャイブ（学名 *A. shoenoprasum*）は少し異なった育ち方をする。空洞の茎のように見える多量の円筒型の葉が出て、一般に紫あるいは白い花が咲く。チャイブはアリウム属の中では最も世界中に広まっている植物で、南極や北緯70度の北極地方でも見かける。(2) 気候がより温暖な地域では、湿潤な土壌や山腹で生育する。

3つ目のニラ（学名 *A. tuberosum*）は多くの葉が出るので、外見はチャイブとよく似ており、モンゴルからフィリピンまで東アジア全域で生育する。(3)「ガーリック・チャイブ」とも呼ばれ、チャイブより辛みが強く、ニンニクに似た風味をもつ。花も食用になる。

アリウム属の4つ目のカテゴリーはニンニク（学名 *A. sativum*）で、鱗片《りんぺん》と呼ばれる数個のかけらから成る鱗茎が大きく育つ。最近の調査から、ニンニクの原産地はタマネギよりさらに東の、キルギス共和国の国境近く、天山山脈の北西側ではないかと考えられている。中央アジアから中国へ、そして朝鮮から日本へと伝わったが、朝鮮半島では少なくとも紀元前400年以来の長い歴史をもつ。

ニンニクは種《たね》からではなく無性生殖によって繁殖する。鱗片を土に植えると芽が出て、ニンニクの苗になる。アジア料理で使われる醗酵黒ニンニクは、別の種ではなく、醗酵して黒く変色したものだ。紛らわしいことに、「黒ニンニク」と呼ばれる別の植物（学名 *A. nigrum*）も存在する。これは観賞用だ。

イギリスのウェールズの象徴になっているリーキを含む *A. ampeloprasum* の仲間は、一般に鱗茎をつけず、代わりにきつく巻いた茎のような形の葉をもつ。ジャンボニンニクは、外見はニンニクに似ているが、小粒タマネギと同様、このグループの仲間だ。

ネギ（学名 *A. fistulosum*）は日本で最もなじみ深い野菜のひとつで、リーキとスプリングオニオンの中間のような外見をしている。「葱《ねぎ》」という字はもともと「たてに通る／つつぬけ」という意味であり、先端の緑色の部分にナイフを入れると、中は空洞だ。中国（「ヤン・ツォン（洋葱の意）」と呼ばれる）と日本（「ネギ」と呼ばれる）では大昔からアリウム属の主要な野菜で、2000年以上前から栽培されていたと考えられている。(4) *A. fistulosum* は「ウェ

Allium ursinum（ラムソン）と *A. nigrum*（黒ニンニク）。ドイツの1903年出版の園芸本から。

リーキの頭状花（*Allium ampeloprasum*）とヒメニンニク（学名 *A. scorodoprasum*）。W. G. スミスによるカラー・リトグラフ（1863年）。

ルシュ・オニオン」とも呼ばれるが、それはウェールズ原産だからではなく、アングロサクソン語で「外国の」を意味する welise から来ている。(5) ネギは中世にヨーロッパに伝わったが、ヨーロッパ人の伝統的なお気に入りの野菜というポジションを、タマネギやニンニクから奪うには至っていない。

A. oschaninii はフランスのグレー・シャロットのことだ。タマネギの一種にシャロットと呼ばれて親しまれているものがあり、それと区別するために、「本物の《トゥルー》」と呼ばれることもある。おもに中央アジアで生育する。食用アリウム属の最後に控えるのが、「ラッキョウ」として知られる *A. chinense* だ。東アジア原産でネギのような葉を持つ。食用となるごく小さな鱗茎をつけ、酢漬けにして食されることが多い。

もちろん、アリウム属の野菜は、これら以外にもメドウリーキ、ヒラタマネギ、ワイルドガーリックなど何百種類もあるし、おそらく未発見の種もあることだろう。本書は、世界中で愛好されている野菜に関する物語だ。それは洗練された料理と芸術の物語であり、同時に、農民と王様、征服と植民地、吸血鬼とミイラ、そして魔法と薬効の物語でもある。だが何よりも、ごくありふれた野菜の物語である。

第1章◉古代のアリウム属

タマネギのない文明なんて想像できない。
——ジュリア・チャイルド

◉古代メソポタミア

中央アジアの山中が原産のタマネギやその他のアリウム属は、たちまち古代世界各地に広まっていった。栽培しやすく、保存がきくので、多くの文明で主要な食品として重宝された。

アリウム属の物語は、古代メソポタミア文明から始まる。チグリス川とユーフラテス川に挟まれたこの地域は、メソポタミア文明ならびにアッカド帝国、バビロニア帝国、アッシリア帝国の発祥地と考えられている。夏は暑く、一年の大半はほとんど雨が降らないにもかかわらず、ふたつの川が運ぶ堆積物のために土壌は肥沃であり、灌漑が行なわれるようになってからは、この「肥沃な三日月地帯」は、穀物、家畜、ナツメヤシ、果物、野菜の宝庫となった。

古代メソポタミアの食文化について現在入手できる情報の大部分は、商品として売買された食品の記録である。楔形《くさびがた》文字が書かれた粘土板からは、売買され、運搬され、保管された穀物などの農産物の情報は読み取れるが、生鮮野菜についてはほとんど書かれていない。生鮮野菜のほとんどは、売買のためというよりは家庭で消費するために栽培され、それゆえ出納帳や家計簿には記入されないのが常である。

それでも、古代のレシピというきわめて貴重な記録が存在する。エール・バビロニアン・タブレットと呼ばれる、紀元前1600年頃の楔形文字が書かれた3枚の粘土板のことで、古代メソポタミアの約40のレシピが記録されている。タマネギ、リーキ、ニンニクがひんぱんに登場し、サミドゥ、スフティンヌ、アンダースという謎めいた野菜の名前も見える。どのような野菜だったかは正確にはわかっていないものの、アリウム属の仲間のようだ。歴史家ジャン・ボテロはこう記している。

昔の美食家たちはこうした香味野菜を用いて、とりわけ同系統を組み合わせることによって（とくににんにくとポロネギ）、味を補い合う術をすでに手中にしていたと思われる。

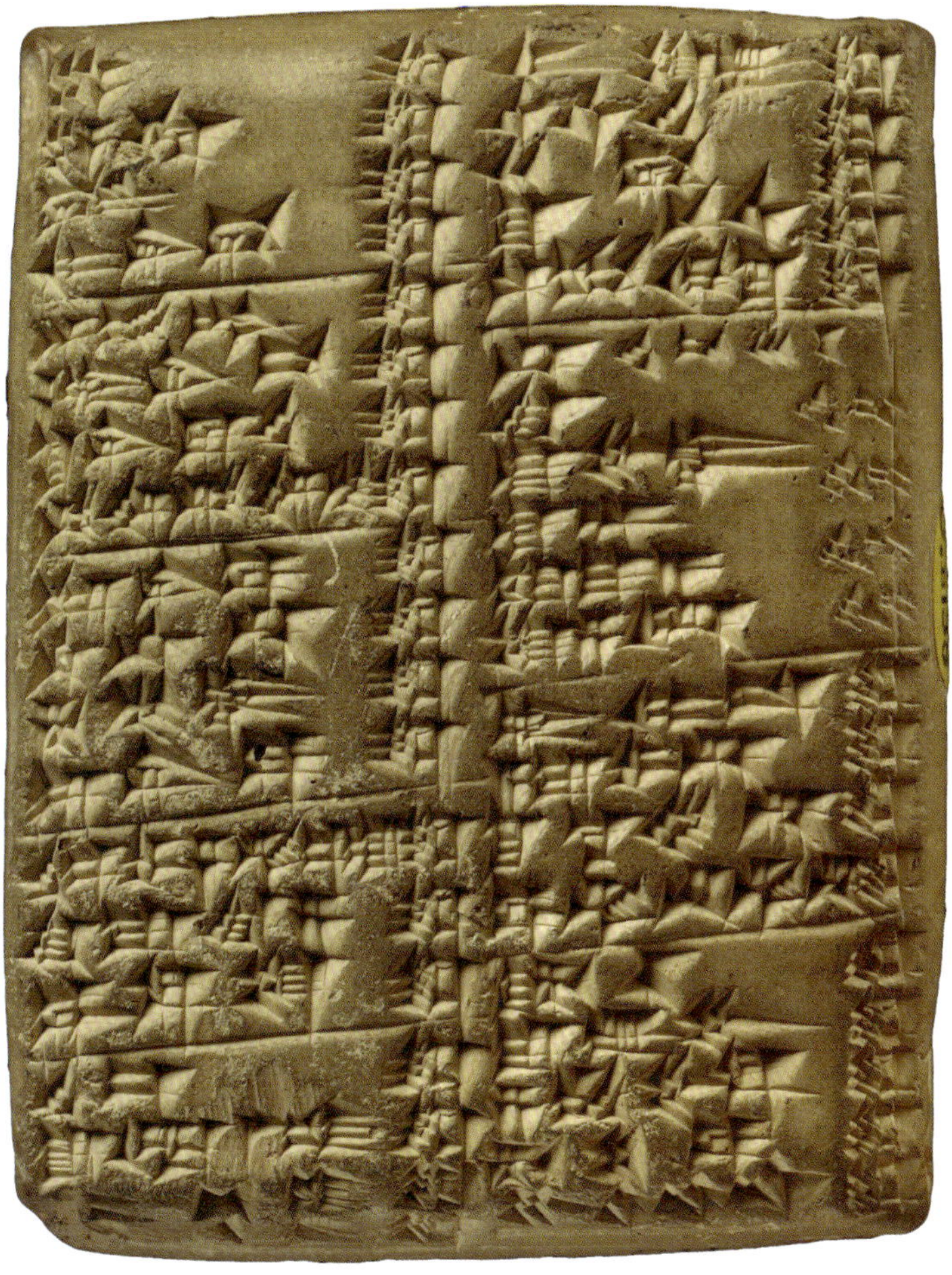

このバビロニア語の粘土板は、バビロン王朝後期の王マルドゥク・アプラ・イディナ2世（在位紀元前721～710、705～701）の庭園で発見された植物のリストと言われている。左欄の楔形文字で書かれた最初の3つの項目は、ニンニク、タマネギ、リーキである。

このことは注目しておきたい。彼らはまたしばしばこれらをまとめて、われわれの「ブーケ・ガルニ」のように利用していた。このような香味野菜の使用が「超自然」――「呪術」あるいは宗教的――効果を狙うためであったと考えさせる材料は皆無であることを、強調しておきたい。何よりも美味を求めてのことであり、それ以外はありえまい。[1]『最古の料理』松島英子訳、法政大学出版局、2003年」

1枚目の粘土板には、25のスープ、21の肉料理、4つの野菜料理のレシピが載っているが、すべての料理に何らかのネギ類が使われている。そして大部分の料理では、リーキやニンニクのみじん切りでスープに風味を出してから肉や野菜を煮ている。今日私たちがキャセロール料理を作るとき、まずタマネギやニンニクを炒めてから肉とスープストックを加えるのとまったく同じだ。たとえば「アッシリア風」のスープはこうだ。

これには肉が必要である。お前は水を用意する。そこに脂肪を加える。〔　〕、とにんにく、……の血、叩いたポロネギ、潰したにんにくを添加した（?・）ズルム（zurumu）を加える。これで供する準備は整った。[2]

◉古代エジプト

古代エジプト人もタマネギを食した。紀元前5世紀、古代ギリシアの歴史家ヘロドトスは、エジプトの貧しい人々の昼食はパンと生タマネギとビールであり、カルナックのアテン神殿の壁画には労働者がまさにこの昼食（キュウリも加わっている）を食べている絵がある、と報告している。またヘロドトスはその著書『歴史』の中で、ギザの三大ピラミッドのひとつであるクフ王のピラミッドには、このピラミッドが建設されていた紀元前2550年頃に労働者に供したダイコン、タマネギ、リーキにかかった費用がくわしく記されていると述べている。銀1600タラントということだが、エジプトの1タラントは約27キロなので、銀4万3200キロに相当し、今日の価格ではおよそ2100万ドルという途方もない額になる。

エジプト語で「リーキ」を指す単語は野菜全般をも意味し、この緑の野菜がどれほど広く親しまれていたかがうかがえる。歴史家ジョアン・P・アルコックによると、エジプトの文書では、タマネギは「健康な白い歯」にたとえられていたという。ということは、当時のタマネギはおそらく今日私たちが食しているリンゴ大の球体ではなく、白く小さな品種だったのだろう(3)。

古代エジプトでは、タマネギにはほかにもいくつかの意味があった。エジプト人は、宇宙は天国、地獄、地球の同心円の輪で構成されていると考えていたため、多くの円の層を持つタマネギはその象徴と見なされていた。また、タマネギの断面は月の満ち欠けを連想させるため、女神イシスに捧げられた。

ローマ人の歴史家大プリニウスは、その著書『博物誌』において、エジプト人はニンニクとタマネギを王の宝珠《ほうじゅ》のように使った――おそらく高官が誓いを立てるときにタマネギを右手に持ったのだろうと書いている。実際には古代エジプトの文書の中にこのような慣習の記述は見あたらないので、誰かがエジプト人をからかって言ったことを、プリニウスが真に受けてそのまま記したのではないかと思われる。しかしながら、タマネギは墓やミイラを包む布の中からも発見され、しばしばわきの下や太ももの付け根部分に置かれている。タマネギに抗菌効果があると考えたのか、あるいは異臭を抑えようとしたのだろう。また、神官はタマネギを食するのを禁じられていた。(4)

聖書とヘブライ語のトーラー［ユダヤ教の聖書（タナハ）の最初の「モーセ五書」を指す］にある「民数記」には、イスラエルの民がモーセの先導でエジプトを出て、約束の地カナンに入る前までが描かれている。その道中で、彼らは「エジプトでは魚をただで食べていたし、きゅうりやメロン、葱や玉葱やにんにくが忘れられない」［新共同訳旧約聖書］と嘆いている。砂

古代エジプトでは裕福な死者が死後の世界で必要としそうな品物の模型――このニンニクの鱗茎の粘土模型のような――が副葬品して墓に納められていた。

漠では新鮮でおいしい食物は手に入らず、移動中の民には栽培することもかなわなかったのだ。

●古代ギリシア

ギリシア人とローマ人は、ともにタマネギとニンニクを愛好した。大プリニウスは『博物誌』で、ギリシア人の食卓にのぼったそれらの種類について記述している。

ギリシア人はさまざまな種類のタマネギを食している。サルディニア種、サモトラキア種、アルシデナ種、セタニア種、そして、ユダヤの町アスカロンにちなんで名づけられたアスカロ種だ。タマネギにはすべて刺激的なにおいがあり、それを嗅ぐと涙が出るが、キプロスのタマネギはにおいがとくに強く、クニドスのタマネギは最も弱い。

プリニウスはまた、丸いタマネギは白いタマネギより香りが強いとも述べている。

偉大な詩人ホメロスは『イリアス』の中で、アルシノオスの娘で囚《とら》われの身となったヘカメデが、ピュロス王ネストルに、食事とともにプラムノスの葡萄酒を勧めるようすを描いている。「女はまず二人の前に、青黒い琺瑯《キュアノス》張りの脚のついた、よく磨かれた美しい四脚机を据え、それに青銅製の籠と、飲物に添えてつまむ玉葱と、新鮮な蜂蜜とを載せ、またその傍らに聖なる大麦の粉と、実に見事な盃とを置く」〔『イリアス』上巻、松平千秋訳、岩波文庫、1992年〕。

タマネギは、私たちがオリーブを食べるのと同じように、しばしば酒類とともに食されたが、これから戦いに赴く人を元気づけるためにも供された。どちらの行為も、『イリアス』の約400年後に当たる紀元前360年頃、クセノポン著『饗宴』の冗談めいた会話の中でソクラテスが言及している。

「みなさん」と、カルミデスは言った。「ニケラトスはタマネギのにおいをさせて家へ帰ろうとたくらんでいます。彼の妻に、誰も彼にキスする気にさえならなかったと信じさせるためにね」

「たしかに」とソクラテスは言った。「しかし、我々は別の評判を立てられる危険をおかすことになる……タマネギは食べ物の楽しみを増すだけでなく、飲み物の楽しみも増すから、まさによいつまみだと言える。だが、もし我々が食事の間だけでなく、食事の後もタマネギを食べるなら、我々はただ食欲を満たすためだけにカリアスのところへ行っていたと人に言われないよう気をつけなければならない」
「そんな心配はいりませんよ、ソクラテス」とカルミデスは答えた。「闘鶏にニンニクを与えてから闘わせるように、戦いに出発する者がその前にタマネギをかじるのは良いことなのですから。もっとも、我々は戦いに行くわけではなく、誰かからキスされることを考えているわけですが」

古代オリンピックの選手はニンニクを食べ、競技の前にニンニクで体をマッサージした。プラトンが『国家』で述べているように、ソクラテスのいた厳格で恐るべき国家は、住民に主食としてトウモロコシ、大麦、小麦を摂ることを認めていた。前述の『饗宴』のソクラテスは軽口をたたくような人物に描かれていないが、彼はソファ、ケーキ、香水といったぜいたく品に対してはきわめて冷笑的な態度をとり、歌や詩の朗読などの余興をばかにしていた。にもかかわらず、食事に関しては主食に限定せず、人々が「塩やオリーブやチーズを使い、タマネギなどを煮て、あの田舎煮のようなもの」を楽しみにしていることを認めていた。

古代ギリシアでは古くからタマネギが美味な食べ物と考えられていたのは明らかで、退廃的なイメージはなく、誰にでも買える食べ物だった。紀元前8世紀末頃の作とされるホメロスの『オデュッセイア』になるともっと詩的な言葉として使われており、英雄オデュッセ

コリントス製の素焼きのラバの像。チーズと多量のニンニクが入ったすり鉢とすりこぎを運んでいる。紀元前360年頃。

ウスのチュニックは「乾燥タマネギの皮のように光沢があり、非常にやわらかい」と描写されている。

ニンニクには魔法の力があるとも考えられていたようだ。『オデュッセイア』第10歌では、神の伝令使ヘルメースがオデュッセウスに、「キルケーが住む島で殺された巨人の血から生えた」薬草を与える。オデュッセウスの仲間が魔女キルケーに豚に姿を変えられていたので、その魔術から身を守るためだ。このモーリュという名の植物は、「乳のように白い」花をつける。モーリュがなんという植物に該当するのか、さまざまな候補が挙げられているが、そのひとつがワイルドガーリックだ。16世紀のイギリスの薬草研究家ジョン・ジェラードは、ホメロスがイメージしていたものはワイルドガーリックだと確信し、7種類のモーリュを特定した。そして、ホメロスのいう魔法の薬草はその中のひとつ、「モーリュ・ホーメリカム」だと考えた。

ギリシア人の劇作家アリストパネスは、喜劇でしばしばニンニクとタマネギを取り上げているが、そのほとんどは登場人物の衛生状態に関連する場面だ。紀元前424年の『騎士』というタイトルの風刺劇では、ソーセージ売りが――クセノポンの『饗宴』に出てきた闘鶏と同じように――「戦いの前に士気を高める」ために(あるいは彼に群がる飢えた人々を追い払うためかもしれないが)、ニンニクの鱗片をいくつか飲みこむよう促される。現在アリ

メアリー・ディレイニー『アリウム・モーリー』(1779年)。ディレイニーはこの花が、ホメロスの叙事詩でオデュッセウスを助けた魔法の薬草、「モーリュ」だと考えた。

ウム属を指すのに使う「allium」は、そのにおいのために、ギリシア語でavoid「避ける」を表わす言葉に由来すると言われている。

アリストパネスの劇『テスモポリア祭を営む女たち』の登場人物のひとりは、自分のような浮気な女は「一晩中誰かにやりまくられていたときなどには、明け方からニンニクを噛むことにして、夫が市壁から家に戻ってきて匂いを嗅いで、いけない事をしていたことに疑いを抱かせないようにしていますよね」［『ギリシア喜劇全集3』丹下和彦・荒井直・内田次信訳、岩波書店］と話している。おそらくニンニクのにおいによってワインとセックスのにおいを隠す、あるいは単に夫を遠ざけるということだろう。夫を遠ざける効果のほうは、スキラ（またはスキラフォリア）という古代ギリシアの収穫祭でニンニクが使われた理由でもある。この祭の期間、アテネの女性たちは家を離れて集まり、多量のニンニクを食べた。夫には農作業に専念してもらおう、ということだ。

紀元前2世紀に書かれた古代ギリシアの歴史家ポリュビオスの著書『歴史』には、ニンニクに関するもうひとつの習慣が書かれている。ギリシアのロクリス人はシチリア島のシケロイ人の領土へ進出し、領土を共有するよう脅した。ロクリス人を恐れていたシケロイ人は、戦いを避けるためにこの申し出を受け入れた。ロクリス人が「この土地の上に立ち、肩の上に頭を載せているかぎり、シケロイ人と友好を保ち、領土を共有する」と誓ったからだ。だ

アメリカ人の写真家が1942年にエルサレムで撮影した、パレスチナの野生のピンク・オニオン（学名 *Allium trichocoleim Bornm*）。

が、ロクリス人はとんでもないぺてん師だった。履物の中に土を入れ、服の中と肩の上にニンニクを隠していたのだ。誓いを立てるとロクリス人は土とニンニクを投げ捨て、ほどなくシケロイ人をその領土から追い出した。

アレキサンダー大王（紀元前356～323）はパレスチナでシャロットを発見し、マケドニア王国へ持ち帰ったとされている。シャロットはアシュケロン（現在のイスラエルの都市）原産と考えられており、かつてシャロットに与えられていたラテン語の学名 *Allium ascalonicum* は、この地名の名残である（シャロットは *A. cepa* の仲間と異系交配が可能なことがわかったため、現在ではこの学名は使用されていない。「本物の《トゥルー》」シャロット、すなわち *A. oschaninii* は別種の植物である）。

●古代ローマ

ローマ人はタマネギを好み、多くの料理の風味づけに使っただけでなく、旅先にも持っていったため、北ヨーロッパの国々に広まった。cepa（ケーパ）はラテン語でタマネギのことだが、ローマ人は bulbus あるいは unionem と呼んだ（現在の「onion」はこれに由来する）。1世紀のローマ人の元兵士で篤農家《とくのうか》だったコルメラは、タマネギの酢漬けのレシピを残し

100〜150年頃のローマのフレスコ画の断片。左端でニンニクの鱗片が料理されるのを待っている。

ている。

まずタマネギを日光に当てて乾燥させ、その後日陰で熱を取る。鍋の底にタイムやマジョラム［シソ科の多年草］を敷き、その上にタマネギを並べ、酢と塩水を3対1の割合で混ぜた液体を注いだらマジョラムをひと束上に載せる……タマネギが液体を吸収したら、さらに同じ液体を追加する。(5)

ポンペイには特産のタマネギがあり、コルメラはそのタマネギを使ったレシピも残している。

紀元前4〜5世紀に書かれ、有名な美食家であるマルクス・ガビウス・アピキウスにちなんで名付けられた古代ローマのレシピ集『アピキウス』には、タマネギ、ニンニク、リーキがほとんどの料理に登場する。サラダに歯ごたえを与え、ソースの風味付け、魚料理の付け合わせにもなれば、シチューの具材にもなる。

タマネギを使った魚料理のレシピ

乾燥させたアスカロニアン・オニオン（シャロット）、細かくきざんだタマネギ（種類は問わない）をフライパンに入れ、その上に下ごしらえをした魚（これもどの種類でもよい）を置く。ブイヨンと油を加えて煮る。煮えたら焼いたベーコンを中央に載せ、ビネガー少々を振りかけて細かくきざんだセイボリー［シソ科のハーブ］を散らし、タマネギを付け合わせにする。

だが、ローマ人とギリシア人にとって、アリウム属の真のスターはリーキだった。リーキへの愛の深さは、ギリシア語とラテン語で「緑」という意味を表わす単語にその名が使われたことにも表われている。「prasinos」（ギリシア語）、「prasinus」（ラテン語）はどちらも「リーキのような緑色」という意味で、「うす緑色」を表わす「cloron」とは区別された。緑色の石英の一種「クリソプレーズ（緑玉髄《りょくぎょくずい》）」は「リーキの分泌液」という意味で、ギリシア語で「菜園」を表わす単語「prasia」は「リーキの苗床」という意味だ。

ローマ人は、他国を征服するとリーキを持ちこんだ。あまりに美味なため、故国に置いていけなかったようだ。リーキの苗床を作ることは、新しい土地での生活には欠かせない作業だったに違いない。フランス、イギリス、ドイツにあるローマ人の遺跡を発掘するとリーキの種が見つかる。ウェールズ人は、国の象徴であるリーキを持ち込んでくれたローマ人に感謝しなければならないようだ。(6) アピキウスは、十分に成長したリーキを、油を入れた塩水で茹でたのち、やはり油を加えた「最高のブイヨン」で煮こむよう勧めている。この調理法は他の野菜のレシピにも登場し、便通に効果があるとされた。

リーキは声にも効果があると考えられ、皇帝ネロ(紀元37~68)がポロファガス、すなわち「リークを好んで食べる人」というあだ名で呼ばれたのはそのためだ。もちろんリーキは彼の好物だったのだろうが、リーキ以外のものは食べない日を毎月2日もうけたのは、演説や歌に磨きをかけようとしたからかもしれない。(7)

タマネギとリーキは、大プリニウスの100近くの療法にも登場し、弱視、犬の咬み傷、不眠症、性感染症、歯痛、赤痢、腰痛など、さまざまな場面で処方されている。また、プリニウスによれば、ニンニクにも61の薬効があり、『博物誌』でそれについて熱弁をふるっている。

ニンニクは、そのにおいだけでヘビやサソリを寄せつけず、また、何人かの人が言うように、飲み物や食べ物と一緒に摂っても、軟膏として貼ってもよく、あらゆる野生の獣による咬み傷を治す……ニンニクにはできものから膿を出す働きがあり、松やにと混ぜれば傷から矢を抜くことさえできる。

しかしながら、プリニウスは「ニンニクを使って生じる不都合は、視界が暗くなることと腹部の膨満感だ。また、多量に摂取すると胃が傷つき、口渇感が生じる」と警告もしている。だが、矢がささったことと比べたら、たいした不都合ではないだろう。

「医学の父」と称されるヒポクラテス（紀元前460頃〜375頃）は、ニンニクを利尿薬として処方し、ニンニクには呼吸を楽にし、傷を治す効果があると教えた。だが、ニンニクが薬としてどれほど愛用されたとしても、口臭という問題があるので、修道士や修行者には禁じられていた。(8)

◉中国

儒教の経典『礼記《らいき》』には、結婚、祭祀、服喪、饗宴など、人生の重要な行事に関する儀式についての心得が記されている。正しい行動や行事の時期を決める適切な方法、それに学者をはじめさまざまな職業に応じた振る舞いについて、詳細な指示が書かれている。この書物からは、当時すでにアリウム属が中国料理に不可欠な存在になっていたことがわかる。『礼記』には、正餐の配膳についての以下のような記述がある。

宴会で料理を人に勧めるときは、以下のように行なう。骨つき肉の料理は客の左に、肉の切り身は右に置く。飯は敷物に座る一行の左に、汁物は右に置く。なますとあぶり肉は（骨つき肉と肉の切り身の）外側に、酢漬けやたれは内側に置く。ネギの蒸し料理はその向こうに、酒や飲み物は右に置く。

この本には、タマネギとシャロットを供《そな》え物に使う方法が記されているが、それによると、肉片を漬けた塩水に薄切りにしたタマネギやシャロットを加え、塩水ごと供え物として捧げていたようだ。また、季節ごとの食べ方や、さまざまな肉類の料理とネギ類の取り合わせについても書かれている。

肉をすり身にするなら、春はタマネギを、秋はカラシナをまぜる。子豚を料理するときは、春は春タマネギを、秋はヤナギタデを使う。豚脂《とんし》で料理するときはタマネギを、牛《ぎゅう》脂《し》で料理するときはニラを使う。

タマネギが当時の中国料理において大きな役割を果たしていたのは明らかだが、4世紀の道教では「においの強い5種類の野菜」の使用を禁じており、その中にはタマネギも含まれていた（仏教徒の中には今でもタマネギやニンニクを食べない者もいる）。タマネギは肺にきわめて有害で、攻撃性や性的衝動を増大させると考えられていた。漢の時代（紀元前202～紀元220）にはタマネギとニンニクを赤い紐で玄関先に吊《つる》し、虫よけにしていた。

●南アジアと中央アジア

古代サンスクリット語のいくつかの書物にはニンニクの起源が書かれている。当時ニンニクには強力な薬効があると考えられており、次のような物語が残っている。めずらしい植物のうわさを聞いた賢者の一団が、その薬効成分を見きわめようとヒマラヤの山中を歩きまわっていたとき、葉がサファイアのように青く、鱗茎は蓮《はす》の花のように白い植物が目に入った。彼らはそれを司祭のところへ持っていき、これはなんという植物かと尋ねた。司祭は、これはニンニクだ、天から数滴の花蜜《かみつ》が落ちてきて、ニンニクはその花蜜から育ったのだと答えた。

英国インド軍のバウワー大尉が発見した4世紀から5世紀初頭の古文書は現在では「バウワー文書」として知られるが、それにはニンニクの神秘的な起源と、薬草として使用されてきた簡潔な歴史、さらにニンニクを称える43編の詩が収められている。バウワー大尉は1890年、逃亡犯を追跡してヒマラヤ山中とゴビ砂漠をめぐっているとき、現地の商人からこの古文書を購入した。

バウアー文書ではないが、不老不死の薬を飲んだ悪魔の王の首をビシュヌ神がはね、その血が地に落ちてニンニクになったという説もある。ニンニクは、てんかんから寄生虫病やリウマチまで、万病を治癒すると言われた。ただし、ニンニクは悪魔の王の体から生じたものなので、司祭であるバラモンは食することを禁じられている。サンスクリット語とプラークリット語［サンスクリット語の俗語］で書かれたこの文書には、宗教のためにニンニクの摂取を禁じられた人が、その成分を別の方法で得る方法も教示されている（3日間草を食べさせなかった牛にニンニクの茎と草を1対2の割合で与えればよいという）。バラモンも、ニンニクの成分を含む牛乳から作ったカード［凝乳とも呼ばれ、牛乳などに酵素を加えて凝固させたもの］やギー［無塩バターから水分を取り除いた澄ましバター］なら、食べることを許されていたのだろう。

◉朝鮮半島

朝鮮半島では大昔からニンニクやネギが栽培されていた。三国時代［韓国の歴史学の区分による。前1世紀から7世紀］からニンニクが栽培されていたことを示す記録が残っており、実際のところ、日本にニンニクを持ちこんだのは朝鮮民族である。

ニンニクは南北朝鮮のほとんどの料理に欠くことのできない食材だが、紀元前2333年に建国されたと伝わる古朝鮮王朝の建国神話にも登場する。

伝説によれば、天帝には桓雄《ファヌン》という息子があり、桓雄は人間世界に住むために天降って、聖なる町神市《シンシ》を築いた。熊と虎が人間になりたいと桓雄に祈りを捧げ、ふびんに思った桓雄は熊と虎にニンニク20個とヨモギひと束を与え、住処《すみか》にしている洞窟から出ないようにと指示を与えた。そして、太陽の日差しを浴びずに、100日間与えられたニンニクとヨモギだけを食べて過ごせば、願いはかなえられると言った。

残念なことに虎は言いつけを守ることができなかったが、熊は忠実に言いつけを守り、21日後、熊女《ウンニョ》という名の人間の女性に変身した。子供がほしいと祈った熊女は、最終的に桓雄

ニンニクの彫刻、韓国。韓国の大田（デジョン）には、義城（ウィソン）ニンニク博物館もある。

の妻となった。そうして生まれたのが古朝鮮王朝の伝説の創始者壇君王倹《ダンクンワングム》で、「天孫《てんそん》」と称された。

第2章◉中世のタマネギ

彼はニンニク、玉ねぎ、それに韮が大好きで
――ジェフリー・チョーサー、『カンタベリー物語』（1387～1400年）

ニンニクはローマ人によって北ヨーロッパ各地に広められ、強大なローマ帝国がついにゲルマン民族に敗れたあとも、ヨーロッパ各地の料理の中で生き続けた。ラビ［ユダヤ教の聖職者］による著作物のうちの最初の主要な書物である、220年頃の『ミシュナー』［トーラーの注釈］によると、ユダヤ人は「ニンニクを食べる人」と呼ばれていたという。これは、ローマ皇帝マルクス・アウレリウスが、ユダヤ人はニンニクのにおいがすると発言したとされる事実と関連するのだろう（実際の食習慣への言及というより、ユダヤ人には独特のにおいがあるという人種差別的な考え方に基づいたものと思える）。

ユダヤ教の律法であるタルムードは、男性は精力向上のため金曜日の夜にニンニクを食べ

ニンニクの植えつけ、中世の健康法に関する手引書『健康全書 *Tacuinum sanitatis*』より。

るように勧めている（ニンニクを食べると精子と情熱が増すと考えられていた）。またユダヤ人女性は、金曜の夜に性交に先立つ儀式として沐浴を行なった。とは言っても、どれほどのユダヤ人が、ニンニクは自分たちの文化にとってなくてはならないものだと考えていたかは定かでない。たとえば、ユダヤ人医学者マイモニデス（1135～1204）は、自身が定めた食事に関する指針において、ニンニクにはまったく言及していない。いずれにせよ、中世のさまざまな図絵において、ユダヤ人はしばしばニンニクとともに描かれている。

ゲルマン系のフランク王国が地中海へと領土を拡大していた800年頃、カール大帝は帝国の庭園で90種類の野菜と果樹を栽培するよう命じる勅令を出したが、その中にはタマネギ、リーキ、シャロット、ネギ、ニンニクが含まれていた。これを見ても、当時すでにアリウム属はヨーロッパに定着し、修道院など規模の大きな地所の菜園で栽培されていたことがわかる。

◉愛された理由

タマネギは中世ヨーロッパで最もなじみのある野菜のひとつだった。栽培が容易で収穫量が多く、保存が簡単というのも偶然ではない。保存に適した外皮に包まれているので、日の当たらない乾燥した場所ならば長ければ半年程度は新鮮さを保てる。これは冷蔵庫や空輪が発明される以前には、とくに都合のよい特性だった。

さらに、多くの野菜や果物は、大きな植物であっても食べられる部分は少ないが、その点タマネギは、食用になる部分の割合が大きい（また、スプリングオニオンなどは芽が出てまもない細い茎や葉も食用になる）。そして、最も重要と思われるのが、タマネギは霜や低温にかなり強く、南ヨーロッパはもちろん北ヨーロッパでも栽培が可能だということだ。

中世初期のイギリスで日常的に食べられていたアリウム属の野菜は次の6種類——crople-ac（エバーラスティング・オニオンかチャイブのことと思われる）、garleac（ニンニク）、porleac（リーキ）、ynioleac（タマネギ）、それに hol-leac と brade-leac だ。[1] 中世では、食用植物は「ハーブ」（地面の上に出ているもの）と「ルーツ」（土の中で育つもの）に分類されていた。この分類に従えば、タマネギ、ニンニク、リーキは「ハーブ」で、きざんで付け合わせとして使われることが多かった。

中世でタマネギがこれほど愛好されたもうひとつの理由は、言うまでもなくその多用途性だ。スープやシチューの具材にもなれば、味気ない料理に甘みと風味を与えることもできた。ポテッジ——ポリッジ［オートミールを水か牛乳で煮た粥状のもの］に似た料理——は、大麦などの穀物を煮て作るが、野菜を加えることもあった。タマネギを入れると香りと甘みが増したことだろう。

庶民の家にオーブンはまだなかったので、ジャガイモを皮つきのまま焼くときのように、タマネギを暖炉の熱い灰の中に入れて焼いた。こうして焼いたタマネギは、誰にでも手に入る、甘くてよいにおいのするご馳走だった。少しでも庭があれば、ほとんどの人はタマネギを植えた。ネギ類はどんな種類のものも人気が高かったので、イギリスではすでにこの時代で供給が需要に追いつかなかった。タマネギやタマネギの種、ニンニクは、オランダとスペインから取り寄せて売買された[2]。

ウィリアム・ラングランドの物語詩『農夫ピアズの幻想』（1360～87年）を読むと、中世イギリスの農夫がおもにどのようなものを食べていたかがわかる。


するると、貧しい人びとがみなこぞってえんどう豆のさやを持って来、豆類や焼きりんご、また小さな玉ねぎ、サラダ用パセリー、熟れたさくらんぼを沢山、前掛け一杯にして運んできて、〈飢〉を喜ばそうと、これらの贈物をピアズに差し出した。［『農夫ピアズの幻想』（池上忠弘訳、中央公論社、1993年）より引用］

貧しい人びとは肉は食べなかったとしても、間違いなくタマネギは食べていたのである。

◉強烈なにおい

タマネギは貧しい人々の食べ物として、もうひとつ有利な点があった。においの強さだ。当時貧しい人々が食べる肉の多くが動物の「モツ」——肝臓、肺、腸などの臓物——で、タマネギはそのにおいを和らげ、かき消すことさえできた。イギリスでは伝統的にレバーの料理にはタマネギを合わせ、現在でもこの料理が食べられているのはそのためだろう。(3) 実際、中世ドイツの料理本『おいしい食べ物の本 *Buch von guter Spise*』（1354年）では、ガチョウのローストの詰め物としてタマネギとレバーをまぜたものを勧めている。

チョーサーの『カンタベリー物語』序章では、教会裁判所の腐敗した官吏である「召喚吏」は、騒々しく辛辣で、吹き出物だらけの赤い顔をした人物として描かれている。

かさぶたのいっぱいできた黒い眉毛で、顎鬚はほとんど抜け落ちていました。
子どもたちは彼の顔をとても恐がりました。
消毒したり焼いたりしても、水銀も鉛白《えんぱく》も硫黄もホウ砂も白粉も、酒石英も軟膏も、
ひとつとして、その白いにきびや頬の上にのっかっている大にきびをなおすことができませんでした。

彼はニンニク、玉ねぎ、それに韮が大好きで、
血のように赤い強い酒を飲むのをとても好んでおりました。
［『完訳　カンタベリー物語』、桝井迪夫訳、岩波書店］

タマネギは肌によくないと言われていたので、召喚吏の顔の丸いおできにもよくなかったのだろう。チョーサーの描写を読んでいると、召喚吏が発散する、タマネギとすえた酒の混じったにおいが漂ってくるようだ（すべてが彼の腐敗を強調している）。ニンニクは、「臭いバラ」とさえ呼ばれた。

●「卑しい」タマネギ

安価で手に入りやすい野菜としてあらゆる階級の人々が利用したために、タマネギは卑しい食品と見なされることもあった。10世紀に古英語の詩などを収めた『エクセター本』の、かなり野卑ななぞなぞ詩の題材にされたのも、おそらくそのせいだろう。

私は驚くべき生き物だ。女性たちにとっては、よろこばしい期待であり、そばに横たわ

る相方にとっては、役に立つ食べ物だ。私を殺そうとする者以外は、都市生活者を誰も傷つけない。私の茎は高く直立し――私は床《とこ》の中で立ち上がる――下のほうにはひげが生えている。ときには田舎者の器量よしの娘がやってきて、厚かましくも私をつかみ取ろうとする。そして、私の赤い玉に襲いかかり、頭をつかむと、身のつまった場所を握りしめる。私を押しつぶしたら、この巻き毛の娘はたちまち私と出会った効果を感じることになる。その目が涙で潤むことだろう。

フランスの歴史家ブリュノ・ロリウーによると、中世では食材にも階級意識があり、それはおもに、その植物がどれほど地面から離れたところまで育つかで決まった。最も高級とされたのは木になる果実で、その次は低木になる果実。ややランクが低いのは豆類など茎で育つもので、その下がホウレン草のように地面から葉が直接伸びる野菜だ。ニンジンやカブなどの根菜はさらにその下で、最もランクが低いのがタマネギ、シャロット、ニンニク、リーキなどの鱗茎を食べるものだ。そのため、これらは最も卑しく、農夫が食べるにふさわしい野菜と見なされた（なお、肉類にもこの階級制度が適用された。たとえば鳥類は豚よりランクが上だ）。

しかしながら、中世において、タマネギやリーキはただ貧しい人の食べ物というだけでは

タマネギ、彩色木版画、アルナドゥス・デ・ビラノバによる『健康の園 Ortus sanitatis』（1491年）より

なかった。教会が一年の多くの日——水曜日、金曜日、土曜日の一部、降臨節と受難節、それ以外の特定の日——を断食日と定めたため、貴族や高位の聖職者の料理人たちにとって、肉を含まないおいしい食事を提供することが重要な役目になった［「断食日」とはいうものの、まったく食べないのではなく、動物・魚、油、酒などを断つことを「断食」とした］。

若い主婦のための手引書『パリの家政 *Le Menagier de Paris*』（1393年）では、「魚の日」に豆を煮るスープを作るには、ベーコンの出し汁を使うより、タマネギを同じ鍋で煮たほうがよいと勧めている。そして、肉を使わずに、敬虔だが豊かな味わいをもつ食事を作るには、味つけや調理法を工夫しなければならないと述べている。1390年頃、リチャード2世の料理人によって編纂された英語の料理本『料理法 *The Forme of Cury*』には、今もおなじみの取り合わせである、タマネギとチーズのパイの作り方が載っている。

タマネギとハーブを湯通しし、水気を切ってから細かくみじん切りにする。グリーンチーズをすり鉢ですり、卵と練り合わせる。バター、サフラン、塩、干しブドウ、それに香辛料入りの砂糖少々を加え、パイ皮に入れて焼き、供する。

中世においてサフランは、現在もそうだが、恐ろしく高価だった。砂糖もサトウダイコンから安価なものが作られるまでは値が張った――だが、タマネギからも甘みは出ただろう。このパイなら、肉料理と一緒に供されたかどうかに関係なく、どんな食卓でも優雅さを演出できたことだろう。

古英語で「leac-tun」は菜園を意味し、「leac-ward」は庭師という意味だ。つまり、「リーキ」はまさに「野菜」を代表していたということで、その人気のほどが知れる。リーキの白い部分は健康に害が少ないと信じられていたため、とくに好まれた。中世では、ほとんどの野菜は、今日の基準からすると煮こみすぎと言えるほど長く煮こんだ。とはいっても、当時の人々はサラダも食べていた。

◉ウェールズの象徴、リーキ

リーキはウェールズで最もよく食されていたアリウム属であることは間違いない。亡くなるまでにウェールズの大部分を統一したヒウェル良王（８８０～９５０年頃）が定めた法に、ふたつだけ野菜の名前が出てくるが、そのうちのひとつがリーキだ（もうひとつはキャベツである）[4]。中世ウェールズの医学書『ミズバイの医師 *Physicians of Myddfai*』には、「子供が欲しいと願う女性は〔リーキを〕食べると良い」と書かれている[5]。

『カンブリアまたはウェールズの象徴』(1798年)、手彩色の銅版画。ウェールズの寓話の登場人物の後ろで子供がリーキのついた王冠を捧げている [「カンブリア」はウェールズの古名]。

ヘンリー・ウィリアム・バンバリー『フルーエリンのリーキを食べるピストル』（『ヘンリー5世』の1場面）（1811～15年頃）

言うまでもなく、リーキはウェールズの象徴であり、この国の守護聖人である聖デイヴィッドの祝日（3月1日）には人々はリーキを身につける。この習慣にはさまざまな伝説がある。そのひとつは（真偽のほどは疑わしいが）、6世紀にグウィネズ（現在のウェールズ）のカドワラドル王が、リーキ畑でサクソン人と戦う際に、敵味方がわかるようにかぶとにリーキをつけるよう兵士に命じたというものだ［かぶとにリーキをつけるよう命令したのは聖デイヴィッドする説が多い］。

この習慣はシェイクスピアの時代にも知られていた。『ヘンリー五世』の場面設定は、当時の約200年前の1415年、アジャンクールの戦いの時代だ。ウェールズの将校フルーエリンは、同僚の兵士ピストルに不快な思いをさせられたと言う。フルーエリンは聖デイヴィッドの日に帽子にリーキ［後記の訳書では「韮」となっている］をつけていたが、ピストルがパンと塩を持ってきて、これとリーキを食えと言ったというのだ。

聖人の日が過ぎると、フルーエリンは復讐に出る。ピストルに、フルーエリンの帽子につけていたリーキを食べるよう強要し、さもないと4日間殴りつづけると言ったのだ。「おれは心から懇願しゅるがな、この汚らしい、むさくるしい、悪党野郎め、おれの希望により、要請《ようしぇい》により、嘆願によって、いいかな、この韮を食え」［『ヘンリー5世』（小田島雄志訳、白水社）から引用。以下同じ］。ピストルはそのにおいを嗅ぐと気分が悪くなると言って免れようとするが、傷ついたウェールズ男は承知しない。「さあ、お願いだ」とフルーエリンは言う。「どうかこれを食え。韮をばかにしゅることができるなら、韮を食うこともできるはじゅだ」。韮を食べたあとも、無礼なふるまいをしたことに対してピストルは厳しい小言を受ける。「おまえは、栄誉を重んじるがゆえに、昔の勇士を記念して身につけることになった祖先伝来の名誉のしるしをばかにしながら、そのことばをなに一つ実行する勇気はもたぬのか？」ともうひとりの兵士が尋ねる。

おまえがあの大尉をからかい、ひやかすのを、おれは一度ならず見かけたぞ。大尉がイギリス人のように英語をしゃべることができないので、イギリス人のように棍棒をふりまわすこともできないとでも思ったのだろう。とんだ見当ちがいだ。今度はあのウェールズ人の棍棒にこりて、りっぱなイギリス人の根性をもつよう努力するがいい。

ウェールズでは今もリーキは国の象徴であり、ウェールズの1ポンド硬貨や、イギリス陸軍の一連隊であるウェールズ近衛連隊の帽子のバッジにもデザインされている。

イギリスでアリウム属と特別な関係をもっているのはウェールズだけではない。スコットランドの伝統料理であるコッカリーキ・スープは、リーキが入ったチキンスープで、中世に考案されたものだ（ただし、当時のレシピにはプルーンも含まれていた）。この名前がついたのはおそらく後の18世紀のことと思われる。スコッチブロス［スコットランドの伝統的な具だくさんの肉入りスープ］にもリーキとタマネギが入っており、グリーンリーキのみじん切りを添えることが多い。スタッフォードシャー州には、1207年に王室の勅許で名が付けられた、リーキという名の町がある。この野菜は、リーキという町の名によっていつまでも記憶されていくことだろう。

●中世の医学

中世ヨーロッパでは、古代ギリシア人が提唱した人体理論が支配的だった。体液説は、人間の体には4つの基本となる「体液」、すなわち血液、粘液、黄胆汁《おうたんじゅう》、黒胆汁《こくたんじゅう》があり、それぞれの体液の多少によって、4つの気質（多血質、粘液質、胆汁質、憂鬱質）が生じるという。この4つの体液が適度なバランスを保っているから健康でいられるのであり、何かの理由で失ったバランスを回復するためには、特定の食品を食べたり、避けたりする必要がある。

それゆえ、中世の料理本を読むと、単においしい食事を作るための手引書というよりは、むしろ処方箋か医療の教科書のような印象を受ける。貴族の家庭に雇われた料理人は、こしらえる食事の健康的意義に留意せねばならなかったことだろう。季節や食べる人の年齢、さらにはライフスタイルによって、どんな食品が健康に良いかも異なったようだ。たとえば、座っている時間が長い貴族と農夫では、必要とする食品が異なるのだ。

リーキやタマネギは「熱」で「湿」な食品と考えられ、そのため、もともと体温が高く湿性の多血質の人にとっては危険な食べ物と考えられた。この野菜を食べるとこうした傾向がさらに強まり、体がバランスを失うからだ。しかしながら、体温が低く、乾性である憂鬱質の人にとっては理想的な食べ物と考えられた。

また、季節も体液に影響するので、メニューを決めるときには季節にも配慮する必要があった。秋は冷たくて乾燥しているので、焼きリーキを試してみるにはよい季節だが、春にオニオンスープを飲むと、体液の性質を危険なまでに悪化させ、体調不良を招く可能性がある（言うまでもないが、ヨーロッパではタマネギは晩夏か秋に収穫されるので、いずれにせよ適切な季節に食べることが多い）。

しかし、多血質の人であっても、好物のネギ料理をあきらめるにはおよばない。補完的な食材と合わせて摂取することで、バランスを保つことができる。また、細かく切ったりきざんだりすれば、ふたつの食材はたがいに相手の性質と中和しやすくなる。そのためスープは、

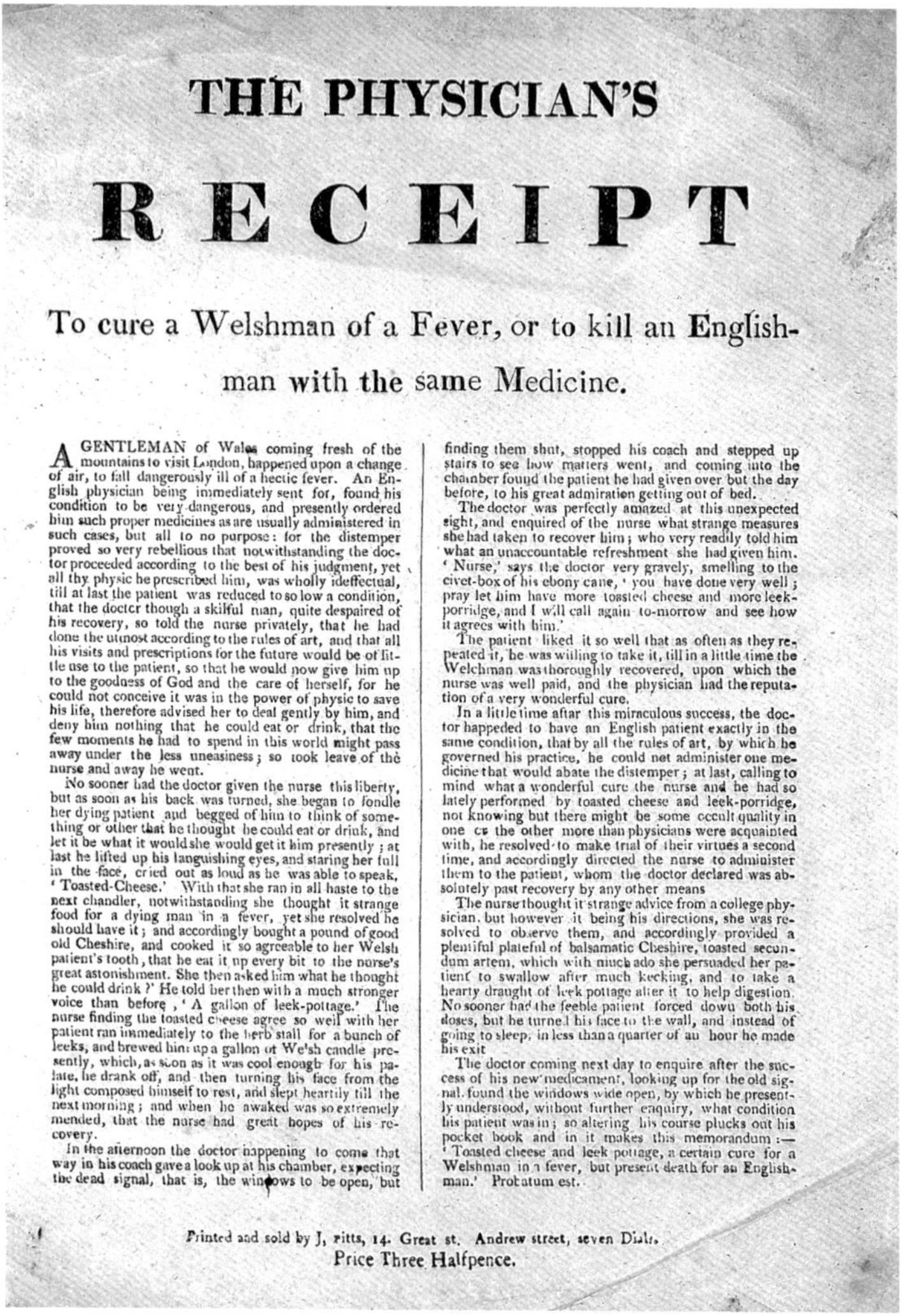

THE PHYSICIAN'S
RECEIPT

To cure a Welshman of a Fever, or to kill an Englishman with the same Medicine.

A GENTLEMAN of Wales coming fresh of the mountains to visit London, happened upon a change of air, to fall dangerously ill of a hectic fever. An English physician being immediately sent for, found his condition to be very dangerous, and presently ordered him such proper medicines as are usually administered in such cases, but all to no purpose: for the distemper proved so very rebellious that notwithstanding the doctor proceeded according to the best of his judgment, yet all thy physic he prescribed him, was wholly ideffectual, till at last the patient was reduced to so low a condition, that the docter though a skilful man, quite despaired of his recovery, so told the nurse privately, that he had done the utmost according to the rules of art, and that all his visits and prescriptions for the future would be of little use to the patient, so that he would now give him up to the goodness of God and the care of herself, for he could not conceive it was in the power of physic to save his life, therefore advised her to deal gently by him, and deny him nothing that he could eat or drink, that the few moments he had to spend in this world might pass away under the less uneasiness; so took leave of the nurse and away he went.

No sooner had the doctor given the nurse this liberty, but as soon as his back was turned, she began to fondle her dying patient and begged of him to think of something or other that he thought he could eat or drink, and let it be what it would she would get it him presently; at last he lifted up his languishing eyes, and staring her full in the face, cried out as loud as he was able to speak, 'Toasted-Cheese.' With that she ran in all haste to the next chandler, notwithstanding she thought it strange food for a dying man in a fever, yet she resolved he should have it; and accordingly bought a pound of good old Cheshire, and cooked it so agreeable to her Welsh patient's tooth, that he eat it up every bit to the nurse's great astonishment. She then asked him what he thought he could drink?' He told her then with a much stronger voice than before, 'A gallon of leek-pottage.' The nurse finding the toasted cheese agree so weil with her patient ran immediately to the herb stall for a bunch of leeks, and brewed him up a gallon ot We'sh candle presently, which, as soon as it was cool enough for his palate, he drank off, and then turning his face from the light composed himself to rest, and slept heartily till the next morning; and when he awaked was so extremely mended, that the nurse had great hopes of his recovery.

In the afternoon the doctor happening to come that way in his coach gave a look up at his chamber, expecting the dead signal, that is, the windows to be open, but finding them shut, stopped his coach and stepped up stairs to see how matters went, and coming into the chamber found the patient he had given over but the day before, to his great admiration getting out of bed.

The doctor was perfectly amazed at this unexpected sight, and enquired of the nurse what strange measures she had taken to recover him; who very readily told him what an unaccountable refreshment she had given him. 'Nurse,' says the doctor very gravely, smelling to the civet-box of his ebony cane, 'you have done very well; pray let him have more toasted cheese and more leek-porridge, and I will call again to-morrow and see how it agrees with him.'

The patient liked it so well that as often as they repeated it, he was willing to take it, till in a little time the Welchman was thoroughly recovered, upon which the nurse was well paid, and the physician had the reputation of a very wonderful cure.

In a litile time aftar this miraculous success, the doctor happeded to have an English patient exactly in the same condition, that by all the rules of art, by which he governed his practice, he could net administer one medicine that would abate the distemper; at last, calling to mind what a wonderful cure the nurse and he had so lately performed by toasted cheese and leek-porridge, not knowing but there might be some occult quality in one or the other more than physicians were acquainted with, he resolved to make trial of their virtues a second time, and accordingly directed the nurse to administer them to the patient, whom the doctor declared was absolutely past recovery by any other means

The nurse thought it strange advice from a college physician. but however it being his directions, she was resolved to observe them, and accordingly provided a plentiful plateful of balsamatic Cheshire, toasted secundum artem, which with much ado she persuaded her patient to swallow after much kecking, and to take a hearty draught of leek pottage after it to help digestion. No sooner had the feeble patient forced down both his doses, but he turned his face to the wall, and instead of going to sleep, in less than a quarter of an hour he made his exit

The doctor coming next day to enquire after the success of his new medicament, looking up for the old signal. found the windows wide open, by which he presently understood, without further enquiry, what condition his patient was in; so altering his course plucks out his pocket book and in it makes this memorandum:— 'Toasted cheese and leek pottage, a certain cure for a Welshman in a fever, but present death for an Englishman.' Probatum est.

Printed and sold by J, Pitts, 14. Great st. Andrew street, seven Dials.
Price Three Halfpence.

焼いたチーズとリーキのポリッジを食べて熱病が治ったウェールズ人と、同じ治療を受けて死亡したイギリス人について伝える記事（1802〜19年頃）。

体に悪い食べ物を摂ることにつきまとう危険を少なくするのにすぐれた調理法といえる。これは、スープがこれほどまでに好まれる理由のひとつなのだろう。

ソースは貴族階級の料理の重要な要素であり、王室のキッチンではソース作りのための特別な部屋があり、プロのソーシエ［ソース作り専門の料理人］が雇われていた。ニンニクはこうしたソースの材料としてとくに人気があった。1300年頃編纂されたフランスのレシピ集『ル・ヴィアンディエ』には、数種類のガーリックソースのレシピが載っている。ホワイトカムリーヌソースの作り方は、つぶしたニンニクをベル果汁［未熟なブドウから作る酸味の強い果汁］に浸し、パンを入れて煮詰めるというものだ。ニンニクを食したあとは、口臭を消すためにハーブを食べたり、酢を飲んだりした。

潜在的な健康問題を緩和するための調理法は、これ以外にもあった。たとえばタマネギは、危険な「湿」を除去するために、よく油で炒めて使われた。(6) 中世のキッチンに常備されていた香辛料は、ほとんどが「熱」で「乾」なので、タマネギ料理のバランスを整える理想的な脇役だったことだろう。

第3章◉旅、交易、民間伝承

体にニンニクを塗った人から、丁子《ちょうじ》［クローブ］のにおいはしない。
――フランスのことわざ

◉旅するタマネギ

エリザベス朝［1558～1603年］のイギリスには、すでに数種類の外国産タマネギが出回っていた。食料輸送の初期の成功例として、ヨーロッパ中を移動し、売買されていたわけだが、それはおそらく、保存も箱詰めも容易だったからだろう。

イギリスの薬草医であり植物学者だったジョン・パーキンソン（1567～1650）は、ジェームズ1世の薬剤師でもあったが、ロンドンの中心、現在のトラファルガー広場からほど近いロングエーカーに有名な植物園を所有していた。彼は植物栽培に関する論文に、「鱗茎が長い品種を私たちはサントメール・オニオンと呼ぶが、大衆の間ではセントトトマス・オニオンと間違った名前で呼ばれている」と書いている。サントメールはイギリス海峡から約50キロ離れた、フランス北西部の町の名前だ。

ジョン・イーヴリン（1620〜1706）は『アケーターリア――サラダに関する考察』（そう、「アケーターリア（acetaria）」とはラテン語で「サラダ」という意味で、全編サラダに関する本）で、最高のタマネギはスペイン産だと書いている。詩人のジョン・スケルトンが1522年に書いた詩の中にも、「スペイン人のタマネギ」という一節がある。医師のマーティン・リスターは、『パリへの旅 *Journey to Paris*』（1699年）の中で、「大きな赤タマネギ……そして、長くて甘いラングドックの白タマネギ」と、フランス人が食べていた数種類のタマネギについて言及している。

ヨーロッパ人は新しい国を植民地にするとき、お気に入りの野菜の種を携えていった。新世界で最初にタマネギについて記した印刷物はウィリアム・ウッドの『ニューイングランド地方の展望』だが、副題は「一般にニューイングランドと呼ばれるこのアメリカの地方に関する、真実で、生き生きとした、実験的記述――新参者のイギリス人入植者と昔から暮らす先住民の両方の立場に立って、この国の状況を報告する」[1]というものだった。この本は1634年にロンドンで出版されたが、それはウッドが初めてニューイングランドに移住

アンニーバレ・カラッチ原画によるサイモン・ギラン（ボローニャ派）『ニンニクとタマネギの売り子』（1646年頃）

して5年後（メイフラワー号の航海から14年後）のことだった。この本の中でウッドは、タマネギは、当時のマサチューセッツの家庭菜園では、おそらく入植者がヨーロッパから持ちこんだ種から容易に栽培できたのだろうと述べている。タマネギが主要な食糧と見なされていたことは間違いないようだ。

アメリカ大陸原産のアリウム属もあった。それはローズリーキ、あるいはカナダガーリックとも呼ばれたメドウリーキで、先住民が食していたものだ。イエズス会宣教師で、ミシガン州で最初の入植地を開いた探検家のジャック・マルケットは、1673年、ミシシッピ川をさかのぼって現在のシカゴへ向かう道中でこれを食べている。シカゴという名は、先住民の言葉で「ワイルドガーリックの生える地」という意味の shikaakwa に由来する。今日でもこの町は、ニューヨークの「ビッグアップル」に対して、「ビッグオニオン」と呼ばれることがある。

タマネギとニンニクはまた、ヨーロッパ人開拓者によって南アメリカや中央アメリカの入植地にも持ちこまれた。コロンブスは1492年に、栽培品種のタマネギをイスパニョーラ島——現在のハイチとドミニカ共和国——へ持ちこんだと言われている。

Allium acuminatum：北米原産の野生タマネギで、「フッカーズ・オニオン hooker's onion」「テイパーチップ・オニオン tapertip onion」とも呼ばれる。

◉ムガル帝国

だが、タマネギとニンニクの物語は、欧米世界だけに限られたものではない。もうひとつの偉大な近代料理の伝統にも登場する。ムガル帝国［かつてインドにあったイスラム帝国。1526〜1858年］だ。ドピアザ（ペルシア語で「タマネギを2度（使う）」という意味）はハイデラバード地域の郷土料理だ。アクバル大帝（1542〜1605）の廷臣ムラー・ド・ピアザが発明したと言われている（なんとわかりやすい命名！）。実在の人物かどうかは定かではないが、彼は名高い知恵者だったらしく、伝承では皇帝や他の廷臣をしばしば出し抜いたとも言われている。ドピアザを作るには、薄切りにした多量のタマネギを香辛料とともに炒め、肉、ニンニク、ショウガを加える。材料が煮えたら、薄切りにして香辛料を加えて飴色になるまで炒めたタマネギをさらに付け合わせとして添える（それで「タマネギを2度」という名前がついている）。

今日世界中で知られている「カレー」――スパイシーなスープで肉や野菜を煮こんだインド風（インドではもともと「カレー」とは呼ばなかったらしい）の料理――は、通常タマネギとニンニクを使い、細かくみじん切りにしたりつぶしたりして、香辛料やショウガと混ぜてペースト状にしてから鍋に加える。イギリス人は行く先々にこのインド風料理を持ちこん

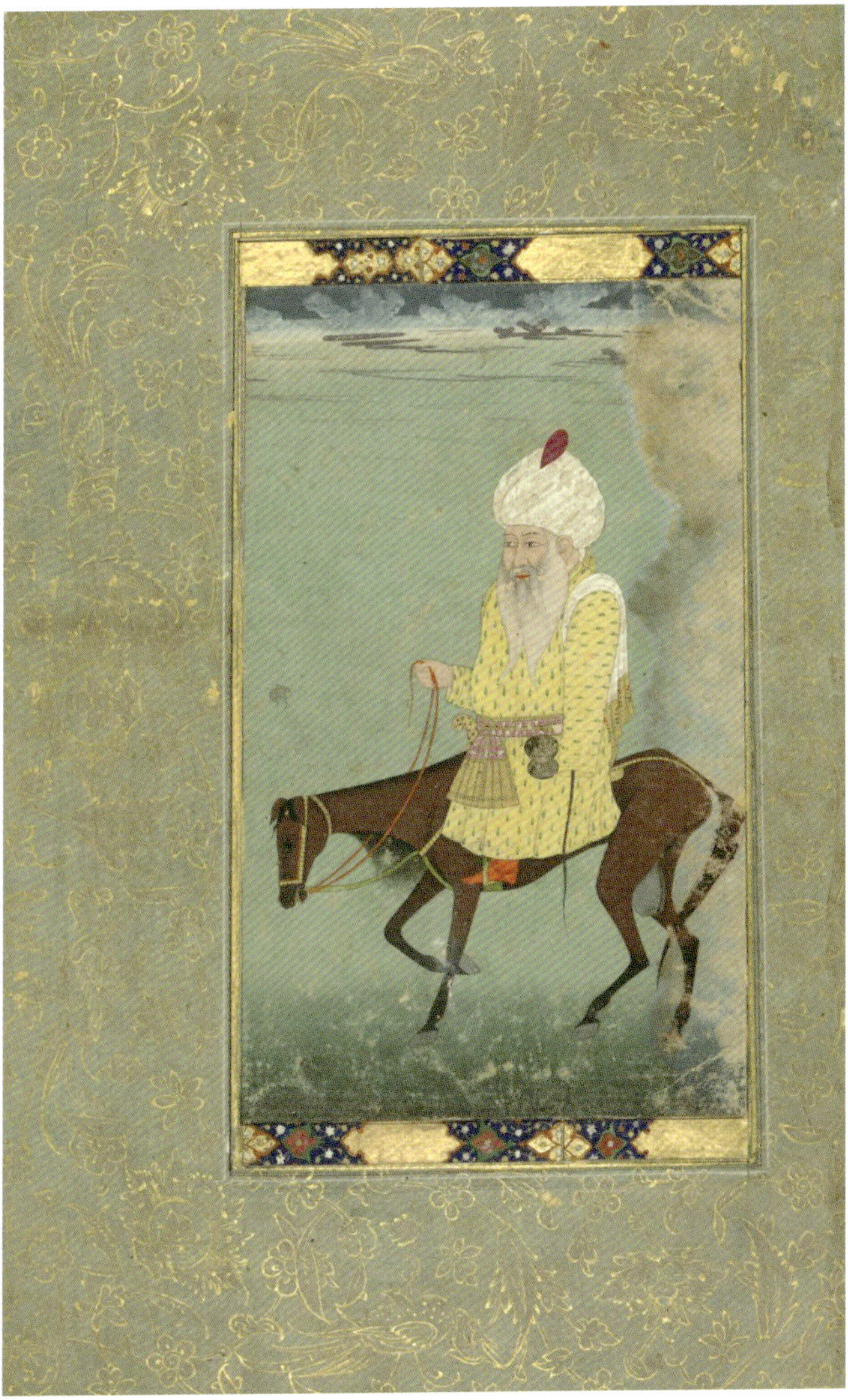

馬に乗る伝説上のムラー・ド・ピアザ。ハイデラバードに所蔵されている18世紀インドの肉筆画。

で広めたので、イギリスで手に入りやすい野菜が材料に使われるようになったのも当然と言えば当然だ。イギリス各地で見かける持ち帰り用のインド料理——ブーナ、ジャルフレージー、ドピアザ、ローガン・ジョシュ、ビリヤニ——も、多量のタマネギとニンニクで風味づけされている。

しかし、本格的なインド料理にはすべてアリウム属が使われていると言っているわけではない。まったく違うのだ。1世紀初めにまでさかのぼるインドの伝統的医学アーユルヴェーダでは、学問や祭祀を司るバラモンはタマネギとニンニクの摂取を禁じられている。これらの野菜は情欲と怒りを増大させ、瞑想の妨げになるというのがその理由だ。だが、医療的な効用があるのは確かで、性的不全を始めとする健康問題を改善するには、ニンニクを食べるとよいとしている。

ヒンドゥー教の比較的新しい分派スワミナラヤン派の信者はタマネギもニンニクも食べない。古代の聖典「ヴァチャナムラット *Vachanamrut*」に食べてはいけないと書かれているからだ。カシミール・パンディットたち［カシミールに住む高位のヒンドゥー教徒］も食べない。世界最古の宗教のひとつジャイナ教（約3000年前にさかのぼる）も、アリウム属の野菜の摂取を禁じている。

ジャイナ教で禁じられている理由は、ヒンドゥー教の経典で禁止（あるいは警告）されて

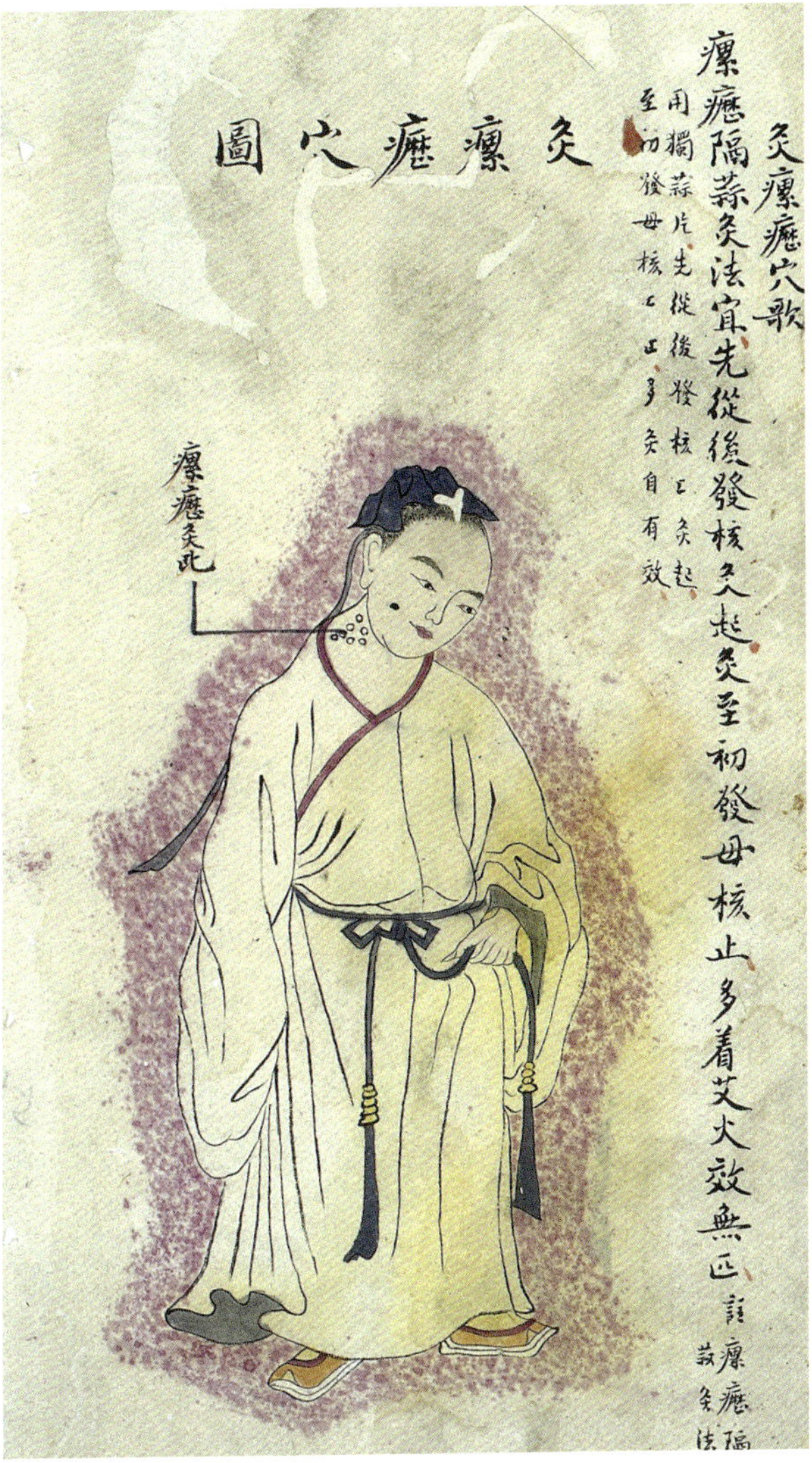

Zhang Youheng 著『*Chuanwu lingji lu*（最高の教えの記録）』は、1869年出版の中国の医学論文だ。この図は瘰癧（るいれき）を、灸療法の過程でニンニクを用いて治療する方法を示している。

いる趣旨とはまた異なる。アリウム属は食べた人に悪影響を与えると考えられているだけでなく、収穫する際に土中の小さな生き物を傷つけるからだ。ジャイナ教は不殺生（アヒンサー）の原理に基づく宗教であり、ジャイナ教徒は全員ベジタリアンで、多くの人がベガン（完全菜食主義者）だ。根菜類は「多くの生命を宿すもの（ananthkay）」と見なされている。根菜を引き抜くと、その植物を殺すだけでなく、土の中の多くの小さな虫や有機体をも傷つけるというのだ。

●薬と魔除け

インド料理でタマネギがこれほど多く使われるのは、ともに使われる香辛料と同様に、抗生作用と抗菌効果（これについては後でくわしく述べる）をもつためと考えられてきた。ヨーロッパでも近代初期においては、中世と同様に、食べ物はまだ薬物と見なされていて、体液説も依然として影響力をもっていた。ジョン・イーヴリンは、１６９９年出版の『アケーターリア――サラダに関する考察』の中で、中世の守旧的な理論をそのまま述べている。

私たちはそれ〔タマネギ〕をサラダに使う。ニンニクほど辛みが強くなく、悪臭もしな

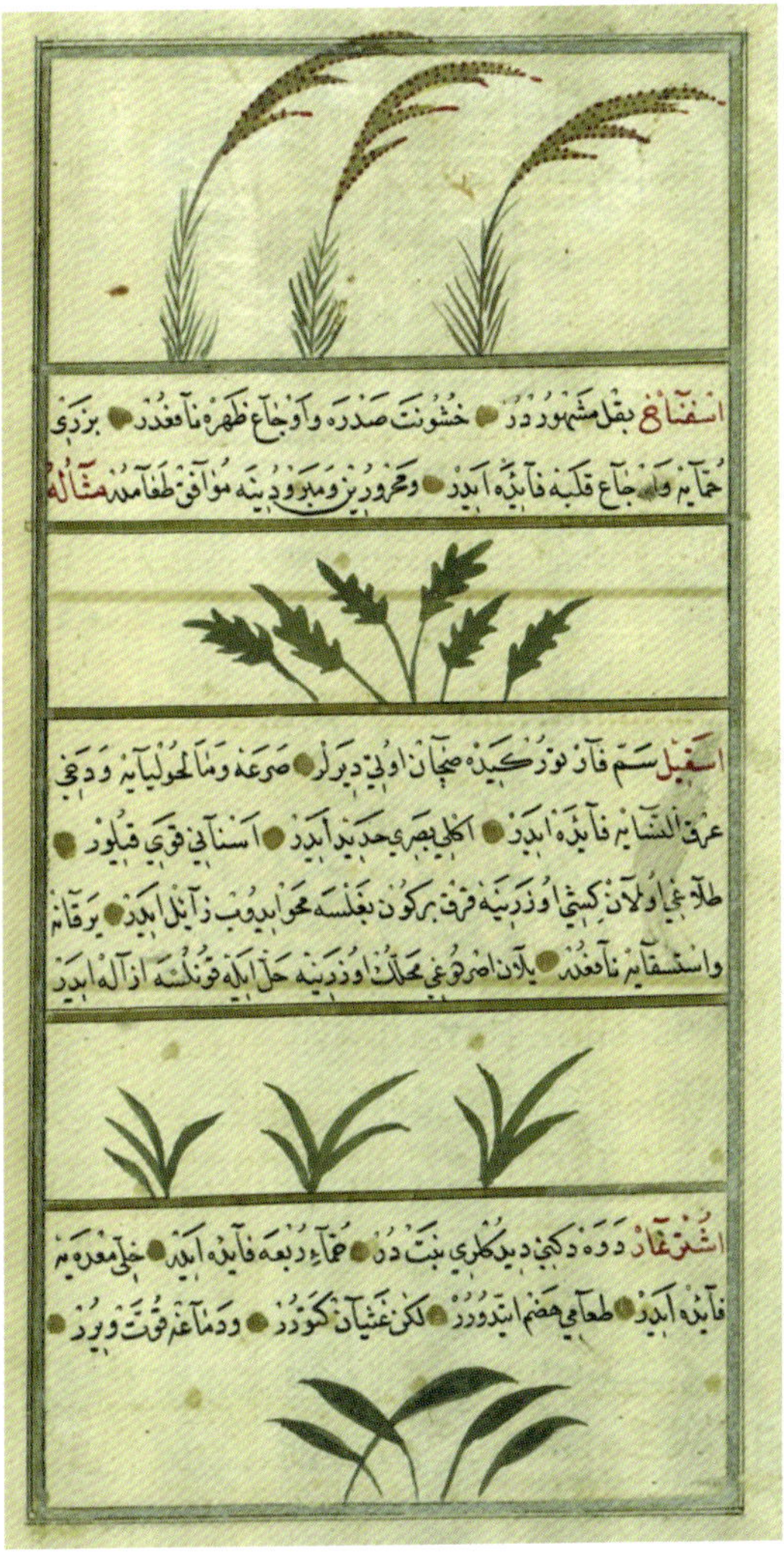

この1717年のオスマン帝国時代の手稿には、稲、ホウレン草、野ネギ、キャメル・ソーンの４つの植物が描かれている。

いからだ。茹でるとまろやかな味になり、食欲を増進し、胃を強くし、痰を切り、喘息にも効果がある。だが、水で洗浄せずに過度に摂取すると頭と目に害を与えると言われている。

リーキも推奨している。リーキは「温」と考えられ、多産の象徴でもある。アポロンの母ラトーナの好物だからだ。リーキを多量に食べるウェールズ人は、子沢山のように見える。また、リーキは肺と胃にも有効だ。したがって、この緑色のか細い野菜は、大量に摂取しなければ気質に不都合はきたさない。

だが、イーヴリンはニンニクに対してはもう少し警戒心をもっていたようで、ニンニクが「過度に乾」であるならば、血の気の多いスペイン人とイタリア人があれほど大量にニンニクを摂取して何ともないのは信じられないと思っていたようだ。そして明らかに、ニンニクを「あらゆる感染症と害毒に対する魔除け（そのため「田舎者の毒消し」という名前がついている）」とする当時の考え方を疑ってかかっていた。イーヴリンが自分の食事にニンニク

「俺のタマネギを４束買ってくれ（Buy my Four Ropes of Hard Onions）」マーセラス・ラルーンの銅版画集『ロンドンの呼び売り』より（1688年）

ジェイムズ・ギルレイ『フランスの自由とイギリスの隷属』(1792年)。生のタマネギを食べて貧しい暮らしをしている革命直後のフランス人と、ローストビーフを満喫しているイギリス人。

を加えることはなかったはずだ。

その耐えがたいにおいのために、私たちは断じてこれをサラダに加えることを禁じる。ニンニクは昔からそのにおいのために忌み嫌われてきた。ニンニクを食べることは、最も恐ろしい罪を犯した者への罰のひとつだったほどだ。間違いなく、ニンニクはご婦人の口に合うものではないし、ご婦人に求愛する者は、ニンニクの鱗片を使った料理に軽く触れることさえ許されるものではない。

この頃、よりマイルドなタマネギを好む北ヨーロッパや西ヨーロッパの国々と、より強力なニンニクを好む南ヨーロッパや東ヨーロッパの国々とが分かれはじめたのかもしれない。確かに、当時イギリスではニンニクがあまり食べられなくなり、アメリカでも新しい入植者の好物ではなくなっていた。ただし、ヨーロッパ全体ではニンニクの辛みを好ましいと思う地域もあった。後にフランス国王アンリ4世となるナバラ王国エンリケ3世（1553〜1610）は、ひとさじのワインとニンニクの鱗片を唇につけるという、ナバラとベアルンの伝統的な流儀に則って洗礼を受けた。

●フレンチオニオンスープ

少なくとも英国人とアメリカ人にとって最も有名なフランス料理のひとつは、もちろん伝統的なフレンチオニオンスープだ。飴色に炒めたタマネギをビーフブイヨンで煮こみ、カリカリに焼いたパンを浮かべ、その上に溶けたグリュイエールチーズを載せる。この美味で体が温まるスープの起源は16世紀にさかのぼるが、この料理を有名にしたのは、ポーランド国王でロレーヌ公のスタニスワフ1世（1677〜1766）だと言われている。

スタニスワフが娘であるフランス王ルイ15世の妃マリー・レクザンスカを訪れたときのこ

おいしいが食べるのが厄介――フレンチオニオンスープ

とだ。フランス宮廷へ向かう道中のある夜、王はシャロンの一軒の宿に立ち寄り、食事を所望した。残念なことに、宿が王と従者に出すことができたのは質素なオニオンスープだけだった。だが、王はその美味なスープのとりこになり、そのレシピをフランス宮廷へ持ちこみ、そこで広まったというわけだ。

真偽のほどは定かでないが、実にほほえましい話だ。紐状の飴色のタマネギ、パンのかけら、それに溶けたチーズが入っているオニオンスープは上品に食べるのが難しい食べ物の代表だが、例の貴族がかぶるかつらと宝石を身につけたルイ15世と、同じようにめかしこんだ廷臣が四苦八苦しながら食べる姿が目に浮かぶ。

酢漬けのタマネギは、醗酵が一般的な食品

顕栄聖堂、ロシアのキジ島、1714年建立。見た目はタマネギのようなドームだが、本来はろうそくの炎を象徴すると考えられている。

の保存法だった東ヨーロッパでよく食べられる食品なので、スタニスワフも口にしていたかもしれない。てんかんにも効果があると言われていた。さらに東へ目を移すと、ロシアには、タマネギを連想させる世界で最も有名な芸術がある。16世紀、イヴァン4世（雷帝）の治世に出現したタマネギ形のドームをもつ大聖堂だ。この頃から19世紀末にかけて建設された教会のほとんどは、このようなタマネギ型のドームを戴いている。最も有名なドームはモスクワの聖ワシリイ大聖堂のものだ。だがこうしたドームは、南ドイツ、オーストリア、チェコ共和国にあるバロック様式のカトリック教会や、インドのムガル建築、そしてイランでも見ることができる。

◉民間伝承

ヨーロッパの民間伝承にもアリウム属にまつわるものが数多くあり、そのいくつかはヴィクトリア時代、さらにはもっと後の時代まで生き残った。ルネサンス期のイタリアの料理人バルトロメオ・スカッピは、料理本『オペラ』の中で、野山で採取したキノコの料理にニンニクを加える人がいると述べている。誤って食用と認識されたキノコから有害物質を引き出して吸収させるためだ。同じような俗説は、ずっと後の１８２３年のタイムズ紙にも記録されている。

野生のキノコの質を確かめるには、タマネギの皮をむいてから、キノコとともに茹でるとよい。タマネギが白いままなら、毒キノコではない。タマネギが青または黒くなったら、危険なキノコが含まれていることを示している。

ジョン・イーヴリンは『アケーターリア――サラダに関する考察』の中で、タマネギの汁を頭に塗ると育毛効果があると勧めている。アイルランドでは、タマネギの湿布は咳や風邪に効き、靴下の中にワイルドガーリックを入れておくと肺によいとされた。この説には科学的根拠がある。タマネギの辛みはアリシンと呼ばれる化学物質によるもので、この物質は皮膚から吸収される。だから、靴下の中にワイルドガーリックを入れておけば、そのうち自分の吐く息にもタマネギ成分が混ざり、風邪を引いている人は、いくらか気管がすっきりしたように感じるかもしれない(2)。

タマネギの皮をむいている夢は家庭内に問題が生じたり病気にかかったりすることを、タマネギを食べている夢は何か価値あるものが見つかることを予知するとされていた(3)。17世紀のイギリスでは、病人のいる部屋で生のタマネギを皿に載せておくと病気を吸いとり、客は病気を移されずにすむと考えられていた。この風習は19世紀になってもなくならなかったという記録がある。同じような発想から、イギリスのいくつかの地域では、家の外にタマネギの皮を埋めると、タマネギが家から熱を引き出すと信じられていた。
タマネギを使って悪天候を予測することもあった。イギリスの伝統的な押韻詩《おういんし》をひとつ挙げておこう。

Onion skins very thin,
Mild winter coming in;
Onion skins thick and tough,
Coming winter cold and tough.

タマネギの皮がとても薄かったら
おだやかな冬がやってくるだろう
タマネギの皮が厚くて硬かったら
寒く厳しい冬がやってくるだろう

占いのチャップブック［行商人が売り歩いた大衆向けの廉価本］『バンチおばさんのクローゼットがまた開いた *Mother Bunch's Closet Newly Broken Open*』（１６８５年初版）には、なんとも愛らしい風習が記録されている。セントトマス・オニオンの皮をむいて、きれいなハンカチに載せて枕の下に置き、この押韻詩を口ずさむというものだ。

P. クローチェが19世紀後半、イタリアのバレエ『アモール *Amor*』で使用するためにデザインしたタマネギのコスチューム。ルイージ・マンゾッティ振付、ロムアルド・マレンコ作曲によるこのバレエには、200人のダンサーと250人のエキストラが出演した。

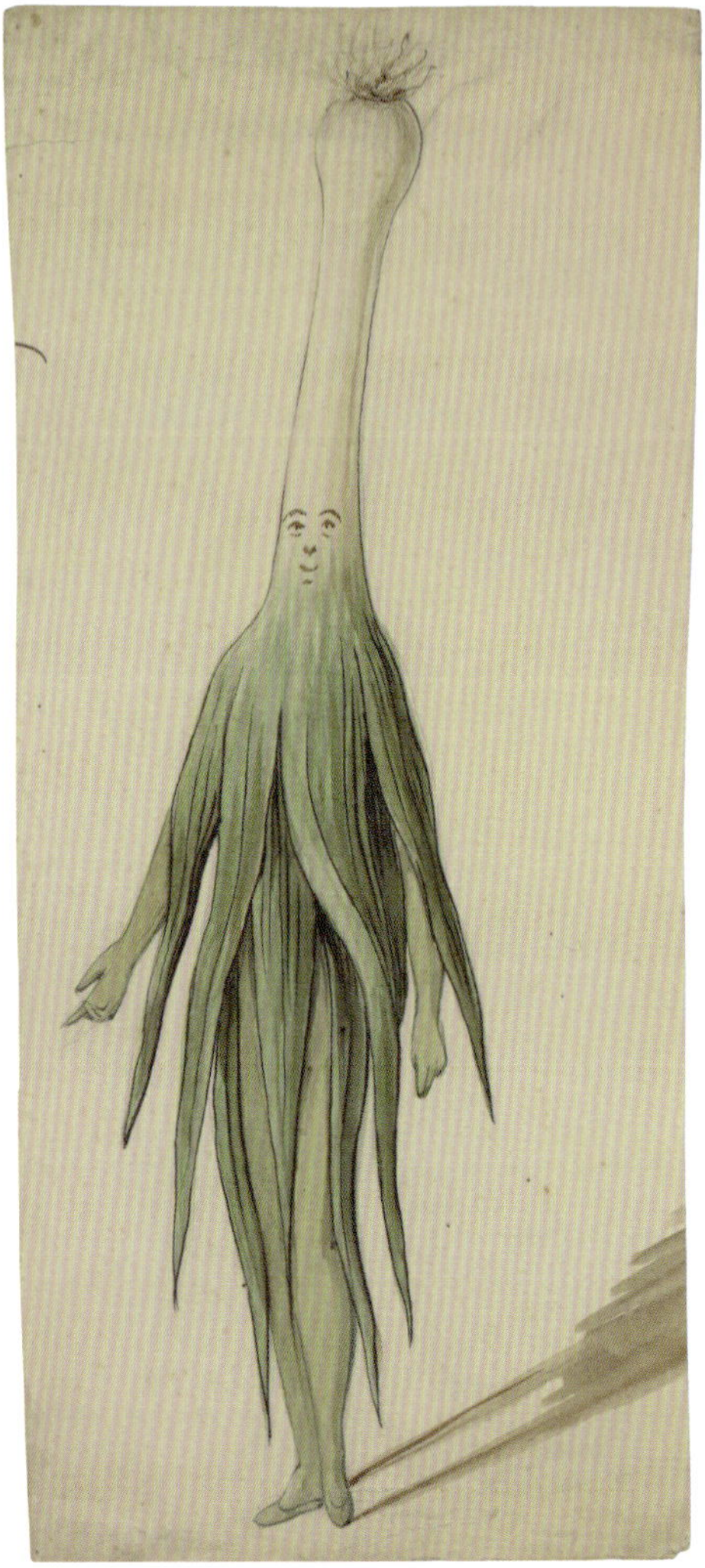

バレエ『アモール』で使用されたリーキのコスチューム

Good St. Thomas, do me right
Send me my true love tonight
That I may see him in the face
And in my arms may him embrace.

おやさしい聖トマス様、お願いがあります
今夜恋人をわたしの元へよこしてください
彼の顔が見たいのです
そして彼をこの腕で抱きしめたいのです

「そうすれば、寝入りばなに、将来夫となる男を夢に見るだろう」と、この本は請け合っている——もしタマネギのにおいで眠れないということがなかったら、だが。マジック・エイト・ボール［1950年頃売り出された占いの玩具］が出現するまでは、未来を予知するには手近なものを使うしかなかった。

この風習の別バージョンが1871年のイギリスの学術雑誌『ノーツ・アンド・クエリーズ』に報告されている。聖トマスの日の前夜（12月20日）に、娘たちはタマネギを使って将来を占った。大きな赤タマネギに9本のピンを刺し、真ん中のピンに結婚したい男性の名前を付ける。その間、前述の押韻詩の長いバージョンを唱え、その夜その男の夢を見られるように祈るのだ(4)。

◉吸血鬼ドラキュラ

昔から、ニンニクには悪を追い払う魔法の力があると考えられていた。実際に、十字軍では病気や悪魔から身を守るためにニンニクが使われた。東ヨーロッパとバルカン半島に伝わるニンニクにまつわる伝説の中で最もよく知られているものは、ニンニクは吸血鬼を追い払うというものだ。

吸血鬼とは、現在も知られているように、人間の血を吸う魔物で、その起源は東ヨーロッパの民間伝承にある。昔からスラブ民族には、正当な儀式に則って埋葬されなかった死体は、腐敗するときに汚れた霊が宿り、家畜や人間の血を吸う魔物になるという伝説があった。魔除けといえば、野バラ、サンザシの小枝、カラシの種、聖水、十字架などさまざまなものの名が挙げられるが、もしこのような亡霊に付きまとわれたならば、多くの西洋人はまずニンニクに頼ろうとするはずだ。

なぜそう言い切れるかというと、歴史上最も有名な吸血鬼伝説でニンニクが繰り返し使われたからだ。ブラム・ストーカーの『吸血鬼ドラキュラ』（１８９７年）である。これによって今日の西洋社会における吸血鬼の概念の基礎が形成された（現代の吸血鬼のイメージを創造したのはストーカーだとも言われている）。この本では、トランシルヴァニアの村人が、旅人の食べ物に多量のニンニクを入れ、ニンニクの花を贈っている。吸血鬼ハンターのヴァン・ヘルシング教授もまた、ニンニクの花を使って、ルーシー・ウェステンラをドラキュラ伯爵から守ろうとする。


まず彼は窓を閉め、がっちりと鍵をかけた。次に片手で掴めるだけの花を掴み上げると、それを窓枠にこすりつけはじめた。隙間から漏れ込んでくる風に、逃がさずニンニクの香りを染みこませようとでもいうかのようである。それからドアの枠にもぐるりとその香りをこすりつけると、暖炉の周囲にも同じように香りをつけて回った。なんだか気味が悪くなった私は、恐る恐る訊ねてみた。

「教授、あなたが理由もなく何かをなさることなどないのはよく知っていますが、これればかりはまったく意味がわかりません。懐疑論者がここにいたら、魔除けのまじないでもしているのかと言われてしまうところですよ」

「実際魔除けかもしれん!」教授は、ルーシーの首につける首飾り作りに取りかかりながら、静かにそう言った。

それから私たちはルーシーがすっかり寝支度を整えるのを待った。やがて彼女がベッドに入ると、教授は自らその首に首飾りをつけ、こう声をかけた。

［『吸血鬼ドラキュラ』田内志文訳、角川書店］

安心したルーシーは日記にこう書く。「これまでニンニクなんてと毛嫌いしてばかりでしたが、今夜はなんと素敵な花に思えるのでしょう！　この香りに心がやすらぐのです」。だが、何もかも無駄になった。夜通しルーシーを監視していたルーシーの母親が、こんなにニンニクの花のにおいがきついと気分を悪くすると思って花を捨て、窓を開けて空気を入れ換えてしまったのだ。すかさずドラキュラ伯爵は部屋に入ってきて、ルーシーに咬みついた。

ルーシーが徐々に吸血鬼に変身し、息絶えたあと、セワード医師はこう書いた。「意識を失うたびに遠ざけようとするのに、目を覚ますたびにそうして引き寄せようとするのは、明らかにどこかおかしかった」。つまり、吸血鬼に変身しつつあるとき、ルーシーはニンニクを嫌っているが、本来の「人間」に戻っているときは、その花を、身を守ってくれるものと認識しているのだ。ルーシーの変身が進むにつれ、ニンニクの花は彼女を苦しめるようになり、首飾りをのどから引きはがすようになった。

まもなく彼女が亡くなると、その棺はニンニクの花で埋めつくされた。だが、ルーシーが不死者《アンデッド》として起き上がるのを防ぐほどの力はなかった。ルーシーが安らかに眠れるようにするため、ハーカーとヘルシング教授は彼女の頭を切り落とし、体に杭を打ちつけ、口の中にニンニクの花を詰めた。

教授がニンニクの鱗茎ではなく花を魔除けに使ったのは注目すべきことだが、現代版の吸血鬼伝説ではニンニクの鱗茎を使うほうがはるかに一般的だ。それはおそらく、現代の視聴者にとっては花よりも鱗茎のほうが画面上で認識しやすいからだろう。あるいは単に、手に入りやすくて長持ちする鱗茎のほうが便利だからかもしれない。

コメディ映画『吸血鬼』（ロマン・ポランスキー監督、1967年）では、吸血鬼ハンターのアブロンシウス教授がある宿に泊まると、大量のニンニクの鱗茎が紐で吊してあり、近くに吸血鬼の城があるとこっそり知らされる。だが、現代の吸血鬼映画では、ニンニクには効果がないとする設定の作品が多い。おそらく、杭や銀の弾丸を使って殺すほうが、視覚的に洗練され、ドラマチックな映像になるからだろう。

1980年代に制作された名作『ロストボーイ』（ジョエル・シュマッカー監督）では、ニンニクで不死者《アンデッド》から身を守れるという考えは、陳腐なジョークとして扱われている。さまざまな登場人物がニンニクで身を守ろうとするが、吸血鬼自身から「ニンニクなんか効かない！」と言われてしまう。アメリカ映画『トワイライト』シリーズ［2008〜2012年］はこの件には触れてもいなかったが、連続テレビドラマ『トゥルーブラッド』［2008年〜］に登場するヴァンパイヤのビルは、ニンニクを「不愉快」と感じて、少し苛立ちを見せる。

◉なぜニンニクだったのか

だが、そもそもなぜストーカーは、吸血鬼から身を守るための手段としてニンニクを使ったのだろう。私としては、ヴィクトリア時代の、病気の蔓延に関する概念と結びついたのではないかと考える［ストーカーはイギリス領時代のアイルランド出身］。細菌論が出現するまで、病気は一般に「瘴気《しょうき》」、すなわち悪い空気（ヴィクトリア時代のイギリスは、有名なロンドンの「黄色い濃霧」をはじめとするさまざまな悪い大気に覆われていて、確かに肺によくなかった）によって拡散すると考えられていた。もしニンニクのような強烈なにおいが瘴気を吸収し、空気の中に潜んでいる病気をやっつけて無力にできるのなら、さらに奇怪な吸血鬼をも撃退できると考えたのではないだろうか。

ニンニクで吸血鬼から身を守れると考えるもうひとつの根拠は、ニンニクは蚊を寄せ付けないと一般に信じられていることだ。血を吸う蚊を寄せつけないのであれば——図体はいささか大きいが——同じく血を吸う吸血鬼も追い払えると考えたのではないだろうか。

１９９４年、ニンニクが本当に吸血動物への有効な対策かどうかを明らかにしようとする研究がノルウェーで行なわれた。実験では、一方の手にはニンニクを塗り、もう一方の手は何も塗らないで、手の上にヒルを載せて血を吸うかどうかを観察した。するとヒルは、ニンニクを塗った手のほうを明らかに好むことがわかり、科学者は、ニンニクには吸血鬼を抑止するどころか引き寄せる効果があるという結論を出した（とはいえ、ヒルと吸血鬼を同一視するのはいささか乱暴というものだ）。２０１２年、セルビアのザロージェ村に有名な吸血鬼サヴァ・サヴァノヴィッチが現われて村を恐怖に陥れたといううわさが広まると、その地域のニンニクの売り上げは急増した[5]。

吸血鬼を撃退できるかどうかはさておき、アリウム属には他にもさまざまな有益な特性がある。１８２８年のタイムズ紙は、バラの茂みの隣に大きなタマネギを植えることを推奨するというドイツ人の園芸ライターが書いた記事を載せた。タマネギにはバラのにおいを強くする効果があるそうだ。タイムズ紙はこのライターを少しからかうように、こんなコメントを載せている。「おそらくドイツ人は、バラのにおいよりタマネギのにおいを好むのだろう」

このエロティックなはがきは1901年頃ベルリンから送られたもので、タマネギの鱗茎から裸の少女が生えている。Rüdige Bolleとは「わいせつな鱗茎」といったような意味で、厚かましい人、ふしだらな人を表わす俗語。

第4章◉タマネギの改良

タマネギは貧しい人々のトリュフだ。
――ジャン・アンテルム・ブリア＝サヴァラン

◉農業革命

18世紀から19世紀にかけて、農業は飛躍的発展をとげた。イギリスでは１７５０年頃から農業革命が起こって食料生産力が上がると、人口が急激に増加した（約５７０万人が１００年後の１８５０年には約１６６０万人になった）。生産力を高めたのは、輪作などの新しい技術の開発だった。イーストアングリアの湿地帯のように、以前は耕作には使えなかった土地が、排水の改良や森林の開拓によって農地に生まれかわった。また、種まき機から最初のトラクターまで、新しい農機具が数多く開発されて手作業が減り、作業効率が高まった。

当時の農業資材の説明書からは、農作業が科学的になっていったようすが読み取れる。つまり、品種改良によって、食用動物や植物の優良な品種——害虫に対する耐性がある、生育が早いなどの望ましい特性をもつ——が生み出されたのだ。また、土に窒素を投入する新しい科学的手法が開発され、収穫高も向上した。それ以前、土壌改善には動物の糞尿が使用されていたが、ヴィクトリア時代になると、クローバーなどの窒素を土中に供給する植物を栽培するという新しい技術が開発された（このため、クローバーは「緑肥」と呼ばれている）。さらに化学肥料も利用可能になった。

ジェントルマン［イギリスの貴族と地主階級から成る有閑層］の園芸家が、花だけでなく野菜その他の植物の栽培にも関心をもつようになり、作業効率や収穫高の向上をめざした。1804年には、園芸に関する情報の収集と共有による技能の向上を目的とする、ロンドン園芸協会が発足した。創立者は陶芸家ジョサイア・ウェッジウッドの息子のジョン・ウェッジウッドと、偉大な植物学者であり博物学者のサー・ジョゼフ・バンクス。バンクスはキャプテン・クックの最初の航海に同行し、アカシア、ユーカリ、ミモザなど多くの植物を西洋に紹介した人物で、そのひとつは彼にちなんでバンクシア属と名づけられた。

1820年代後半、園芸協会はフラワーショーの開催を開始し、会員は新しく発見した

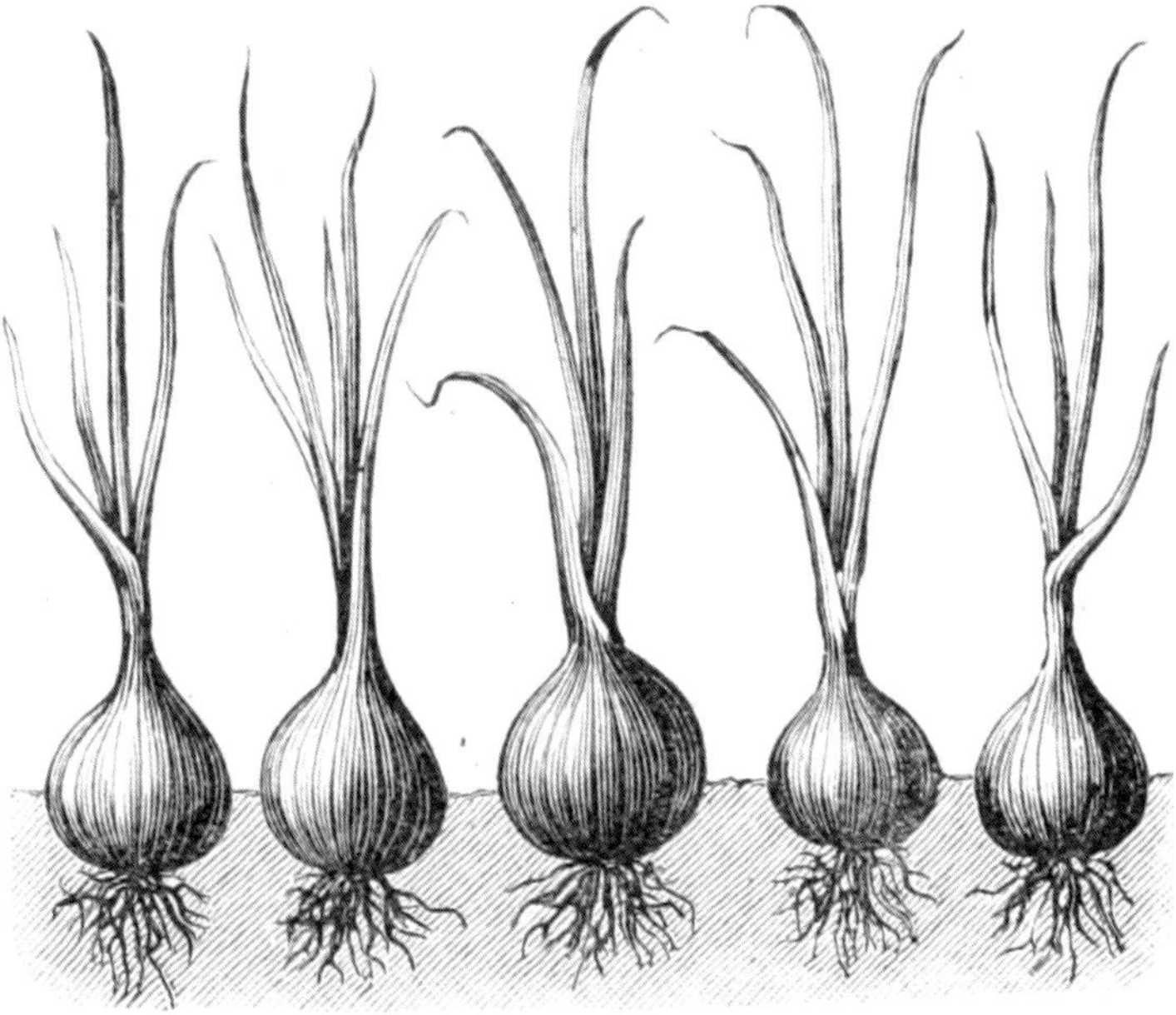

T. グレイナーの説明書『新しいタマネギ栽培 The New Onion Culture』(1891年) より。著者は「通常の知性をもって管理するなら、この新種のタマネギ栽培で多くの利益を上げるのを妨げるのは、雹(ひょう)と洪水ぐらいのものだろう」と述べている。

H. W. バックビー社の植物と種のガイド（1907年）の中の広告。球形のタマネギの長所が右下の隅に記載されている。「見た目がよく、無駄なく使用でき、市場価格が高く、利益率がよい」

植物や、交配実験の結果を展示した。1861年、園芸協会は女王の夫君プリンス・アルバートによって王室勅許を授けられたことから、王立園芸協会（RHS）に名称を変更した。フラワーショーの規模も拡大し、毎年行なわれるようになった。これは現在も開催されていて、あこがれのメダルをめざす園芸家たちの、心躍るような植物の新種の発表の場でありつづけている。

●タマネギの改良

農業と品種改良の新たな科学的アプローチの結果、タマネギも原種より栽培しやすく、成長が速く、鱗茎が大きく、味が良く、保存がきき、耐病性がある厖大な数の品種が開発された。輸送網が発達し、イギリスだけでなく世界の各地へ、品物を腐らせることなく短時間で輸送できるようになり、それにつれて消費者の選択の幅も広がった。その結果、かなり地味な商品の市場でさえ、競争が激しくなった。栽培者が優位に立てるかどうかは品種改良にかかってきた。

1883年までに、ピエール・ヴィルモランの『野菜 *Les Plantes potagères*』には、60種類ものタマネギが、「フラット、フラットンド、ディスク・フォーム、スフェリカル、スフェリカル・フラットンド、ピア・シェイプト、ロング」の7種に分類されて掲載されている。ただし、今日では、タマネギの鱗茎の形の違いを表わす専門用語としては、「グローブ、ハイ・グローブ、スピンドル、スパニッシュ、フラット、シック・フラット、グラネックス、トップ・シェイプト」が使われている[1]［日本では「球形」「扁平」「扁円」等が使用されている］。

1887年のRHSの展示会でもいくつか新種が展示され、その中にはメダルを受賞した「ココアナット」もあった。タイムズ紙は、「見事な形をした、タマネギの詩とも言うべきもの」と報じ、さらに「イギリスの土で栽培されたら、スペイン産タマネギの甘みにかぎりなく近づくだろう」と述べている[2]。

ヴィクトリア時代のイギリスでタマネギ販売の有名なイベントと言えば、バーミンガム・オニオンフェアだ。9月の最終木曜日に開催されるので天使ミカエルにちなんでミカエルマス・フェアとも呼ばれ、活気ある市場であると同時に秋祭りでもあった。イギリスの絵入り週刊新聞『イラストレイテド・ロンドン・ニュース』では、「このバーミンガムの特別なフェアほど、多量の質の高い品物が見られるフェアはどこにもない」と評している。(3)ジャーナリストのジェームス・グリーンウッドは、1874年にこのフェアを訪れている。

フェアの会場であるブル・リングに到着するずっと前から、ツンとしたタマネギのにおいが漂ってくる。海岸が目に入る前から海の塩の味がするように、唇にはタマネギの味が感じられる。だがこのささやかな味見ぐらいでは、ふもとに聖マーティン教会が建つ丘をハイ・ストリートから見下ろしたときに目に飛びこんでくる驚くべき光景に対する心の準備はできない。ちょうどクラーケンウェル・グリーン［ロンドン中心部にある大型商業施設］くらいの広さの四角い舗装スペースに、タマネギが山のように、いくつも積み上げられている。陶器製造所から届くような巨大な木箱に入ったタマネギ、大樽に入ったタマネギ、ずだ袋に入ったタマネギ、ホップを入れる粗い大袋に入ったタマネギ、ロープで吊されたタマネギ、3頭立ての荷馬車にバラで積まれたタマネギ、大きさも品質もまちまちなタマネギ、品種も「ブラウン・シェル」「クリムゾン」「ホワイト」「ビッガン」「ピクラー」などさまざまだ。タマネギは車道をふさぎ、舗道からあふれている。また、ひもにつるしたタマネギが大きな花綱《はなづな》のようにネルソン卿［イギリス海軍提督。

バーミンガム・オニオンフェア。『イラストレイテド・ロンドン・ニュース』（1872年）より。

1758〜1805」の銅像にかけられている。タマネギの山に埋もれそうな銅像のいかめしい顔つきを見た人々は、提督はそのにおいがお嫌いにちがいないから、その立派な鼻をハンカチで覆って差しあげればさぞほっとされることだろう、と想像をめぐらせたのではないだろうか。(4)

育種家はまた、新しい品種を種《たね》のカタログに掲載して強くアピールすることもできた。カタログでは、心が躍るような形容詞を使った大げさな文章にあざやかな挿絵をつけて、新製品の長所をふれまわった。このような新品種のマーケティングは、しゃれていて魅力的だった。

フィラデルフィアを拠点とする種苗会社のウィリアム・ヘンリー・モールは、新品種「プライズテイカー（受賞作）」を1892年のカタログで「最も大きく、最高のタマネギ……平均重量は1個2ポンド（約900グラム）」と売り出した。「プライズテイカーが店頭に並べば、他のタマネギは見向きもされなくなるでしょう」「ウェザーズフィールドやダンバーズの4倍の値段で売れた例が続々」などの勇ましい宣伝文句が躍った。

対するウェザーズフィールドも黙ってはいない。ウィスコンシン州にあるジョン・A・サルザー・シード・カンパニーの1899年春カタログの表紙では、ウェザーズフィール

モールの「プライズテイカー」。同社の1891年のカタログより。

ドの改良種を「間違いなく世界最高のタマネギ！……簡単に栽培でき、きめが細かく、長期保存可能。なにより抜群の収穫量！　1エーカー当たり1213ブッシェル（約4万4113リットル）の実績。品質ナンバーワン」と売りこんだ。

品種改良への関心の高まりは、観賞用植物としてのアリウム属の発展にもつながった（においのあまりきつくない品種が開発されるまでは、アリウム属は家の中で育てることはもちろん、庭でも広く栽培されることはなかった）。今日では、星型の小さな花が集まって咲く、独特の大きな頭状花をつけるアリウム属の球根は、最も人の目を引く植物のひとつとされている。現在は何百種類もの品種が出まわり――中には高さ1・5メートルになるものもある――色も紫や白から黄色やピンクまである。「スター・オブ・ペルシア」「グローブ・マスター」「パープル・センセーション」などのとくに装飾性が高いものはオランダで生産されている。

カタログも百年前の食用タマネギに負けず劣らず熱狂的で、イギリスの種苗会社ミスター・フォザーギルズのウェブサイトを見ると、*Allium album* という栽培品種のページには以下のような説明がある。

しっかりした茎に、下向きの白く繊細な円錐花序《えんすいかじょ》［花軸が何度も枝分かれして多数の小花をつける」がつき、ミッドグリーンの紐状の葉がアクセントになっている。

このような豪華な多年生植物がふたたび流行しているのはすばらしいことだ。トレンドを生み出し、飽くなき追求を続けるデザイナーに感謝する！　世話もかからず栽培しやすいこの品種は、どんな場所でも精彩を放つだろう。

◉「貧しい人々のためのスープ」

だが、こうして栽培方法と品種では改良が進んだものの、ヴィクトリア時代のイギリスではタマネギはまだ農民の食べ物だった。『イラストレイテド・ロンドン・ニュース』はバーミンガム・フェアの記事でこう述べている。「このフェアにやってくる卸業者や顧客は、中には都会の商人や労働者の奥方も少しはいるが、ほとんどウォーリックシャー州の田舎者ばかりだ。というのは、タマネギは貧しい人々のディナーや夕食に快い風味を与えるものだからだ(5)」

チャールズ・ディケンズは『オリバー・ツイスト』（1838年）の中で、救貧院《きゅうひんいん》で出される食事を「薄い粥が日に3回、週に2回タマネギがつき、日曜にはロールパンが半分」と描いている。入所者はパンを毎日食べることさえできなかったが、タマネギは与えられた。

おそらく収容者にとって唯一のビタミンC源だったに違いない。

ヴィクトリア時代のイギリスで最も有名な料理人、フランス人シェフのアレクシス・ソワイエは、上流階級を対象として料理を提供していたが、アイルランド大飢饉の際には貧困者のための無料食堂を開いた。また、貧しい人々のために安価で栄養価の高いレシピを載せた料理本を何冊か書いてもいる。その多くの料理では、スープストックやソースの風味づけや、野菜と肉の小間切れで作るシチューのボリュームを増すために、タマネギが使われている。1847年の「貧しい人々のためのスープ」は、無料食堂でも出していたメニューだが、タマネギでかさ上げされていた。

アレクシス・ソワイエの「貧しい人々のためのスープ」

牛すね肉…12½ポンド（5・67キロ）
水…100ガロン（約450リットル）
肉汁…6¼ポンド（約2・8キロ）
タマネギ100個とその他の野菜
小麦粉と精白した大麦…それぞれ25ポンド（約11・3キロ）
黒砂糖…1½ポンド（約680グラム）

ジョン・シンガー・サージェント『ヴェネツィアの玉ねぎ売り』(1882年)

レオン・ボンヴァン『赤いエプロンをつけた料理人』(1862年)。このフランスの水彩画は、リーキ、カブ、レタス、ニンジンといったありふれた野菜を料理している地味な場面を描いている。

塩…9ポンド（約4キロ）

毎日1回このスープをボウル1杯とビスケット1枚を食べていれば、必要な栄養は摂れるとソワイエは書いている。しかしながら、当時の週刊風刺漫画雑誌『パンチ』は、「貧しい人々のためのスープ」というより、「貧しいスープ」と名づけるべきだと皮肉った。

ジャーナリストのヘンリー・メイヒューは、『ロンドンの労働とロンドンの貧民 *London Labour and the London Poor*』（1851年）で、最下層の人々でさえタマネギは食べると書いている。厖大な社会調査をして著したこの本には、大道芸人から売春婦、テムズ川の泥から売れそうなものを漁るどぶさらい人まで、ロンドンの労働者に行なった何千ものインタビューが掲載されている。メイヒューは「貧民が最も多くの金を使って買う野菜は（ジャガイモの次に）タマネギで、毎年9万9900ポンドをこの品物の購入に費やしている」と述べ、さらに、「フランスの農夫がしばしば夕食にパンとリンゴ1個、あるいはブドウひと房を食べるのに対し、イギリスの労働者はパンひと切れとタマネギ1個を食べる」と書いている。

また、ロンドンの貧しいタマネギ売り――その多くはアイルランド人だった――についても書いている。「タマネギ売りは少ない元手で始められる」と説明したうえで、あるアイルランド人女性の言葉を引用している。

本当のことを言うとね、タマネギ売りはいい商売なんだよ……家族3人で1日に1シリング、ときには1シリング6ペンス稼げる。結構な稼ぎなんだ。タマネギを紐に吊したやつを、1日に2ダースから3ダース売ることもあるよ。

だが当時でさえ、競争相手より安く品物を売る外国人の露店商人への不満が高まっており、ある行商人は、このままでは生活費を稼げなくなると嘆いている。

ヴィクトリア時代の卓越した主婦ビートン夫人は、ニンニクは好まなかったが、タマネギはソース、スープ、シチューに多量に使うだけでなく、焼いて付け合わせとして供することもあった（1個2ペンスという手頃な値段で手に入ると夫人は書いている）。また、タマネギ、水、砂糖、酢を飴色になるまで煮つめたものを瓶に詰めておき、グレービーソースとして使えばよい、と簡単な料理のコツを紹介している。著書『ビートン夫人の家政読本 *Household Management*』では、タマネギの特性を、ほんの少し警告も含めて説明している。

アリウム属のあらゆる品種の中で、タマネギにはきわめて揮発性が高く、刺激的な成分が含まれています。ですから、タマネギを切り分けようとすると、どうしても目が影響を受けます。しぼり汁は酸味が強く、醱酵させると酢になり、水やビールの飲み残しと混ぜて蒸留するとアルコール飲料ができます。タマネギは一般的な食品として用いられますが、誰の胃にも合うわけではありません。炒めても焼いても食べられない人もいれば、茹でたものを好む人もいます。茹でると揮発成分が簡単に減らせるので、タマネギの最もよい調理方法だと言えます。タマネギを油を加えて焼き、ドロドロにしたものはすぐれた鎮痛剤になり、また化膿したできものに貼る湿布薬としても使えます。

フランスでも、タマネギは貧しい人々の食べ物だった。1871年、普仏戦争による損失に苦しむフランスにイギリスの戦時傷病者救護英国国立協会は質問表を送り、フランスの農民が生き残るためには何が必要かを尋ねた。答えは「種」だった。協会は4万1955ポンド2シリング2ペンスの寄付を集め、4分の1ポンド（約113グラム）入りのタマネギの種1000袋、4分の1ペック（約2リットル）入りのチューリップの種1000袋、2ポンド（約900グラム）入りのニンジンの種1000袋をフランスのエーヌ県へ送った。[6]

フランス印象派の画家の多くは、都会を避けてフランスの田舎、とくにプロバンス地方で仕事をし、そこでフランスの田園地帯の、質素で基本に立ち返った生活を表現する静物画などの作品を描いた。ポール・セザンヌの『玉ねぎのある静物』（1896〜1898年）は、

ポール・セザンヌ『玉ねぎのある静物』（1896～1898年）

地味なモチーフでさまざまな形と質感を描く、実験的な作品だ。ルノワールも静物画の習作にタマネギを描いている。オランダ生まれの画家ヴィンセント・ヴァン・ゴッホもまた、『赤キャベツと玉ねぎのある静物』（１８８７年）から『生姜の瓶と玉ねぎ』（１８８５年）まで、何度もタマネギを描いている。

アメリカでも安価なタマネギが普及していたが、ニンニクはあまり人気がなかったようだ。１７９６年に出版されたアメリア・シモンズによるアメリカ初の料理本『アメリカの料理法 *American Cookery*』は、タマネギの選び方について「皮が濃い赤

ピエール＝オーギュスト・ルノワール『玉葱のある静物』（1881年）

色で、丸くて硬いタマネギが最高」と指南し、猟鳥や水鳥の料理や、豚の背脂のマデイラ・ワイン煮こみ（安い肉に高級輸入ワインは奇妙な取り合わせだが、たぶん、単調になりがちな食事にぜいたく感を加味するためのものだろう）のレシピを紹介している。南北戦争でユリシーズ・S・グラント将軍（後の大統領）は「タマネギがないなら軍は動かさない」と緊急の電報を送り、兵士の食糧事情が非常に切迫していることを訴えた。

ファニー・メリット・ファーマーは『ボストン料理学校の料理本 *Boston Cooking-school Cook Book*』（1918年）の第3版で、あらゆる種類の料理にタマネギを使い、タマネギは「健康に良く」、「少なからぬ栄養」を含んでいると力説した。さらに、「一般的な菜園のタマネギなら一年を通して手に入る」と述べたうえで、晩春に出回る「辛

み の少ない」バミューダオニオンやスパニッシュオニオンを勧めている。彼女はリーキ・トーストのレシピ――「沸騰した湯に塩を入れ、洗ってカットしたリーキをやわらかくなるまで茹でて水を切る。バター・トーストの上にリーキを載せ、溶かしたバターをかけ、塩とコショウで味を調える」――を紹介したあと、他のアリウム属の限られた役割をそっけなく総括している。「シャロット、ニンニク、チャイブは、サラダを作る際にいくらか使用する」

◉伝播

江戸時代、日本は外国との交易や交流をきわめて厳しく制限していた。ペリー来航をきっかけに段階的に開国を進めたのちも、外国人は日本国内を自由に旅したり、地元民と接触したりする権利も与えられず、日本人は国を離れることを禁じられていた。それゆえ、中央アジアとヨーロッパの品種であるタマネギが、日本では19世紀後半まで一般的な食材にはならなかったのも当然だ。それまで日本で食べられていたアリウム属はほとんどが「ネギ」と呼ばれる *A. fistulosum* で、日本では今も最もよく食べられる野菜のひとつである。

明治時代に入って西洋人が日本人と貿易を本格的に始めると、日本人はタマネギを輸入――おもにインドのボンベイから――するようになり、自国でも栽培するようになった。す

17世紀の日本の本草書より。古オランダ語、日本語、ラテン語で名前が書いてある。

ると、あっという間に人気が出て、１８７４年からの2年間で、日本におけるタマネギの生産高は、野菜全体の生産高の０・06パーセントから０・３パーセントに増加した。(7) 栽培しやすく、日本の気候にも適していたタマネギは、ほどなく価格も下がり、１９０６年までには昔から食べられていた里芋と同じ値段で買えるようになった。(8) 西洋料理の人気が高まったことも、タマネギには追い風となった。だが、日本で最も好まれるアリウム属はというと、まだまだ「ネギ」には及ばない。

タマネギは１６１６年頃にバミューダ諸島へ伝わった。１７０７年にバミューダ諸島は正式にイギリスの植民地になり、イギリスはさっそくその貿易ネットワークの大きな可能性を活用してタマネギを広めようと考え、タマネギはたちまちバミューダ諸島の主要生産物になった。タマネギは船でアメリカの東海岸へ運ばれて販売され、バミューダ諸島は親しみをこめて「オニオンズ」、「タマネギ畑（オニオン・パッチ）」と呼ばれるようになった。19世紀末には、汽船トリニダード号が毎週3万箱以上のバミューダオニオンを約６００マイル（約９６６キロ）離れたアメリカの消費者のもとへ運んだ。

マーク・トウェインは19世紀後半に『アトランティック・マンスリー』誌の取材でバミューダ諸島を訪れ、その後『そぞろ旅の気ままな覚書』[『マーク・トウェイン　ユーモア傑作選』所収、有馬容子訳、彩流社]で次のように書いている。

タマネギはバミューダの誇りであり喜びでもある。それは宝石だ、宝石中の宝石なのだ。バミューダ人の会話、説教、文学のなかで、タマネギがもっとも頻繁に雄弁に比喩として使われる。バミューダで使われるたとえでは、タマネギが完璧――絶対的完璧――の意味を持つ。

バミューダでは死者に対する嘆きは「彼はタマネギだった」と言って賞賛を尽くす。バミューダでは生きている英雄に対する激賞は「彼はタマネギだ」と言って絶賛の限りを尽くす。バミューダでは人生ここ一番、一か八かの勝負にさしかかった息子に対する激励は「タマネギになれ!」と言って助言、懇願、忠告の限りを尽くし、その子の野心をすべて理解してやる。(9)

1887年、ロンドン・タイムズ紙は、タマネギはバミューダ諸島の主要生産物だと報じ、読者に対して、この作物がかかるおそれのある病気についてキュー王立植物園への情報提供を呼びかけた。(10)王立植物園も、もし何らかの病気が発生したらバミューダ諸島全体の経済が破綻すると懸念した。

しかし、まもなくバミューダ諸島はアメリカの農民との競争に直面することになる。抜け目のないテキサス州のタマネギ栽培家が、バミューダ諸島のタマネギと張り合うために、ある改良種に「バミューダ」という名前をつけた。消費者は買い物をする際に念入りにラベルを読んだりはしない、と踏んだのだ。テキサス州には、同様にバミューダオニオンの人気に便乗したバミューダという名の農業団体もあった（いまは存在しない）。１９３０年代、こうした流れを阻止しようと、バミューダ貿易局は海外の買い手に以下のようなはがきを送っている。

本物の「バミューダオニオン」はどこが違うのでしょうか。風味です。おそらく日差しと海風が見事なバミューダオニオンに沁みこむから、あるいは土に不思議な力があるからでしょうが、いずれにせよ風味の違いは明らかです。タマネギが入っている木箱をどうか注意してご覧ください……「バミューダ諸島から」というマークが確かにあるかどうかを。それが本物の目印です。[11]

だが、この嘆願は功を奏さなかった。結局、時間のかかる海路での輸送は効率が悪く、本物のバミューダオニオンの価格が地元産のタマネギより高くなってしまったのだ。最終的にバミューダ諸島の経済の担い手は、観光産業が取ってかわった。それでも、バミューダ諸島の住民は、今日でも自分たちのことを「バミューダ・オニオンズ」と呼んでいる。

バミューダオニオン。1894年の園芸家用説明書より。このタマネギは収穫量があまり多くないため、最近は商業目的ではほとんど栽培されていない。

世界の相当な部分を自国の領土とし、「太陽の沈まない国」と呼ばれた大英帝国は、タマネギを世界各地に広めることにも一役買った。タマネギは、植民地を増やすたびに持ちこんだイギリスの伝統料理だけでなく、大英帝国にとって欠かせない食べ物――「カレー」と呼ばれる庶民的なアングロ・インディアン料理――の材料でもある。カレーはさらに日本、東南アジア、南アフリカ、太平洋の島々へと伝わり、タマネギが世界中に広まるのを促進した。

第5章 ◉ 現代のアリウム属

どの国にもアリウム属を使った自慢の料理と伝統があるようだ。イギリス人はアリウム属をピクルスにするのを好み（さっぱりした風味のタマネギのピクルスを買うこともできる）、朝鮮人はニンニクのピクルスを、ニューヨーカーはオニオンベーグルを好む。シカゴ市民はホットドッグにみじん切りのタマネギをはさんで食べ（ケチャップはなし）、メキシコ人はスライスしたスプリングオニオンをサラダに混ぜいれる。

イランではカリッと炒めたタマネギは料理の重要な一部であり、家庭では炒めたタマネギを大量にストックしておいていつでも付け合わせに使えるようにしておく。ペルシア料理では、タマネギはいつも同じ形――三日月の形――にスライスする。そして、若い娘が上手にタマネギを炒められるようになったら、嫁に行く準備ができたと言われる。

しかしタマネギは、最初からずっと現在のように愛され、もてはやされたわけではなかった。アリウム属が世界で最も重要な野菜のひとつという地位を確立するまでには、戦争や国際競争などのさまざまな道のりがあったのだ。

●戦時下のタマネギ

ロンドン・タイムズ紙は1920年代に、のちの「インド独立の父」にして熱心なベジタリアンであるマハトマ・ガンジーは20世紀初頭に「タマネギ愛好家協会 Onion Appreciation Society」を数名の友人とともに創立したが、同様の組織がミシガン州カラマズーにも設立されたと、(皮肉まじりに)報じている。

協会の言い分はこうだ。愛煙家が有害な息を吐き出しても大して無礼だとは思われないのに、タマネギのにおいをさせているだけで謝罪を期待されるのはどういうわけだ? それは、ひとつには、あのにおいをかぐだけでフルコースの食事を連想させるタマネギの尋常ならざる威力である。

昨今のビジネスの仕組みはタマネギに依存している——これはとんでもない大言壮語

などではないだろう。タマネギがあるからこそカーボン紙を供給でき、それによってビジネスマンは自分が昨日書いたことや決めたことを思い出せるのだ……タマネギがなかったら、裁判所は立ち行かないだろう。(1)

ロンドン・タイムズ紙の面々は、なぜこんな騒ぎになっているのか理解できていなかったようだ（ついでに言っておくと、タイムズ紙は少なくともひとつ考え違いをしている。タマネギはオニオンスキン紙〈薄い半透明の紙〉の原料ではない。この紙がこう名づけられたのは、タマネギの皮に似ているからだ）。問題は、当時の（インドを含む）大英帝国内でタマネギの栽培地が減少していたことである。

このことは、栄養学の進歩の結果、人々がより多くの野菜を食べるようになったという事実に反しているように見える。たしかに、食事療法におけるビタミンの役割が発見されてからは、野菜は単に貧しい人々のための食品とは考えられなくなった。だが、鉄道の出現で状況は一変した。農家は、安価な野菜を地元で販売してわずかな利益を得るよりも、ソフトフルーツ［イチゴのように堅い皮のない果実］や花などの換金作物を生産してロンドンを始めとする大都市へ送ることを選択できるようになったのである。その結果、自国で基本的な食糧を栽培するのではなく、外国から安価に輸入するようになったのだ。１９３６年のタイムズ紙は次のように報じている。

タマネギには特別な貿易保護策は何も設けられておらず、また、一般的な10パーセントの輸入関税が課されているのみである。長期に農地を占有し、必要な手作業もきわめて多いタマネギは、激しい国際競争のこの時代においては、もはや利益を生み出す作物ではなくなったと指摘されている。(2)

1939年にイギリスで販売されたタマネギの約98パーセントは、フランスやオランダで栽培された外国産だった。そしてその多くは、「オニオン・ジョニー」と呼ばれる、ブルターニュのロスコフの港からやってくる行商人が販売した（ロスコフにはいまも「ジョニー通り」という道がある）。自転車でタマネギを売り歩くこうした行商人は、特徴あるブルターニュの青と白の縞模様のシャツとベレー帽を身につけ、ピンクのタマネギを吊した紐を肩に掛けていた。これがイギリス人にとってのフランス人のイメージとなり、今日でも漫画などではフランス人はこのイメージで描かれる。

しかし、1939年に第二次世界大戦が始まると彼らはイギリスを離れ、タマネギも入ってこなくなった。タイムズ紙は、自国の軍隊に入るよう呼び戻された1600人のフラン

ピーター・フレイザー『勝利に向けて掘りつづけよう』（ポスター／ 1942年）

ジェームズ・モンゴメリー・フラッグが全米戦時菜園委員会のために描いたポスター（1918年頃）

ス人が、同年9月7日に歓声を上げながら出港していったと報じた。その中には「ブルターニュからやってきて、この国にたった数週間しか滞在しなかったタマネギ商人」も含まれていた。

イギリス国民が、スープの量を増したりシチューに甘みを出すためにどれほどひんぱんにタマネギを使ってきたかを知るまでには、あまり時間はかからなかった。食糧省は、市民菜園の所有者や素人の園芸家に自分でタマネギを栽培するよう指導したが、タマネギの栽培には時間がかかる。タマネギは完全に不足し、この地味な野菜は、人々――とくに都市住民――の食卓からほとんど姿を消した。こうなったのは、戦時下の価格統制でタマネギの価格が安く設定されていたことも理由のひとつだった。売り手にしてみれば、わざわざ輸送費をかけて遠い都市に運び、決められた安い値段で売ることにはなんのメリットもなかったのだ。

悲嘆に暮れる人々から怒りの手紙が新聞に送られてきた。タマネギは突然貴重な商品になった。1940年には、サッカーの試合でタマネギがチャリティーオークションにかけられ、3ポンド1シリング6ペンスの値がついた。これは平均的な週給よりやや少ない価格だ。ちなみに、今日の平均的な週給は400ポンド(600ドル)ぐらいだ。ノース・デヴォンに住むある婦人は、タマネギ1個分の地代で1年間畑を貸し出した。青果物商のクロード・ジョージ・クラウダーは、ある女性に「タマネギを買いたいならニンジンも一緒に買え」と言って、タマネギ1個とニンジン3本の代金として4½ポンドを請求したことで裁判沙汰になり、4ポンドの罰金と裁判費用を課された[3]。

1941年、イギリス政府はエジプトで収穫されたタマネギを大量に買い上げた。また、それまで牧畜に使用していた土地のかなりの部分を野菜の生産に転換するよう通達し、タマネギは1500パーセントの増産を目標とした。船舶は野菜を積むスペースを確保し、ドイツ軍のUボート［潜水艦］を避けつつイギリスの港へ入った。しかし残念なことに、エジプト産タマネギを購入した年の秋にイギリス国民が手にしたタマネギは、ひとりあたりわずか2ポンド（約900グラム）増えただけだったという統計を、新聞が憤然と報じている[4]。同じ年、タマネギが大きくなるまで土の中で育てず、スプリングオニオンとして収穫することを禁じる法律が制定された。

1943年にはノーフォーク卿がタイムズ紙に記事を寄せ、子供を集めて「タマネギクラブ」を作ったらどうかと提案している。ひとつのクラブは20名ほどとし、農民が寄付した土地を与えてタマネギを栽培させる。1000のクラブができれば2000〜3000トンのタマネギを収穫でき、軍に送ることができる。軍の士気が上がるのは間違いない――と卿は思い描いた。「タマネギはジャガイモのような主食ではないが、欠くことのできない食べ物であり、ないと他のどんな食べ物よりさびしく感じられる[5]」。ただし残念ながら、大変

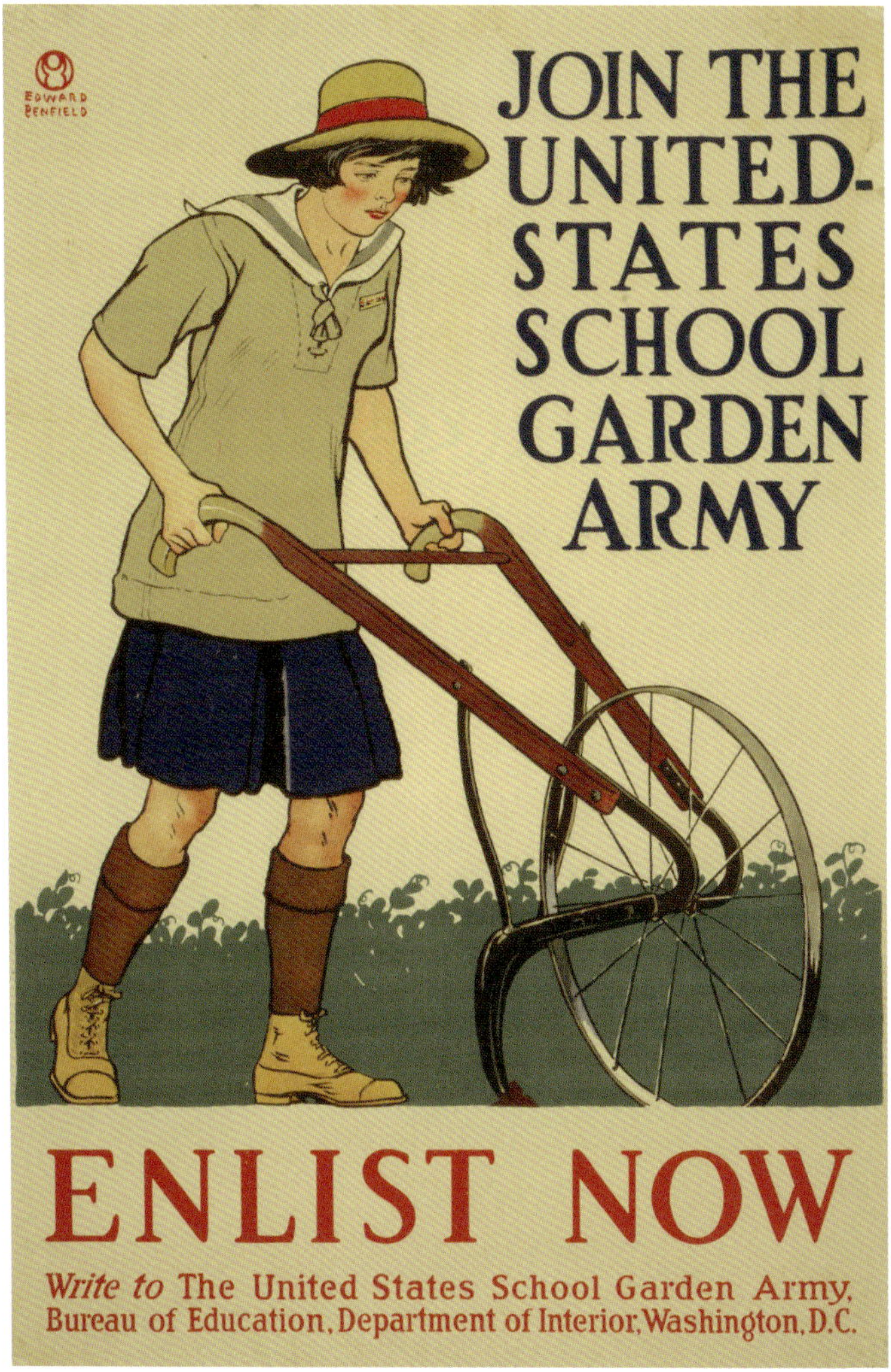

エドワード・ペンフィールドによるポスター（1918年）

「勝利の菜園」の子供たち（ニューヨーク1番街）（1944年）

熱心な子供たちにとはいえ、肥えた土地を無償で貸すことに農民が難色を示したことは想像に難くなく、オニオンクラブはただの夢に終わった。しかし、戦争が終結に向かうにつれて不足はだんだんと解消され、タマネギはイギリス国民の食卓に戻ってきはじめた。そして、おそらくそれ以後は戦前より重んじられるようになったはずだ。

◉タマネギの交配

19世紀から20世紀初頭にかけて、新しい公立の研究施設が世界中で設立され、生物学者や農学者が配置された。穀物、果物、野菜を交配してより良い新しい品種を生み出し、飢餓問題の解決をめざすための組織だ。この勇敢な農学の新天地で、食品はより栄養価が高く、栽培しやすく、収穫高が多く、耐病性が強いものへと進化していった。

アリウム属栽培に関して、20世紀における最も重要な科学の成果は、F_1交配種（雑種第一代）が生産可能になったことだ。これは作物に耐病性などの安全で望ましい特性を確実にもたせるものであり、19世紀にグレゴール・メンデルが発見した遺伝子理論に基づいている。メンデル以前の大部分の生物学者は、遺伝形質は「混合遺伝」する――すなわち両親の特性は混ざり合い、平均値が子に受け継がれると考えていた。たとえば、両親の片方が背が高く、片方が低かったら、子供は中背《ちゆうぜい》になるとされた。

しかしこの理論にはいくつか問題がある。まず、当然のことながら背の低い両親から背の高い子供が生まれることもあり、明らかにこの理論が当てはまらないケースが散見される。次に、もし従来の理論に従うなら、変異は世代を経るごとに均一化されていき、数世代を経るうちに、とくに背が高い子も低い子もいなくなるはずだ。だが、これもまったく現実に当てはまらないように思える。メンデルは、遺伝形質には優性形質と劣性形質があり、子は両親からすべての特徴（現在では「遺伝（形質）」と呼ばれている）を受け継ぐものの、実際に子に現われるのは優性形質だと理論化した。

メンデルの遺伝に関する理論は、当時は広く受け入れられなかったが、20世紀になると、新種の植物を開発しようとする生物学者たちの強い関心を引くようになった。もし種の交配を自然に任せたら、植物はそれぞれが少しずつ異なった組み合わせの遺伝子を持つのだから、多くの変種が現われるはずである。だが遺伝学者は、植物の交配種の第一世代を作る場合、その特性をきわめて正確に予測できることを認識していた。異なる遺伝子を組み合わせた場合、どちらの形質が現われやすいのかを、彼らは知っていたのである。F_1種にはつねに予想通りの形質が出現する。F_1種はすべて同じ優性遺伝子と劣性遺伝子をもっており、つねに優性遺伝子が勝利を収めるからだ。

ミネソタ州ライス郡でのタマネギの等級分けと箱詰め。アーサー・ロススタイン撮影（1939年）。

タマネギ畑の労働者（コロラド州デルタ郡）。アーサー・ロススタイン撮影（1939年）。

タマネギは、トウモロコシに次いでF_1種が開発された作物だ。大部分のタマネギの花には雄《オス》の部分と雌《メス》の部分があるが、自家受粉を避けるために、以前は雄しべの先の葯《やく》をピンセットで抜き、雄の部分を取り除いていた。なんとも時間のかかる――つまり費用のかかる――作業だ。ところが、１９２４年にカリフォルニア州の科学者がデイビスにある育種場で、雄性不稔《ゆうせいふねん》［遺伝子に欠損があって花粉ができない状態］の性質をもつために自家受粉できない赤タマネギ（イタリアンレッド）を発見した。この品種――血統番号13～15――の発見の意義は大きかった。自家受粉のおそれがなく、交配してつねに予想通りの結果を出すので、多様な子孫を生み出せるからだ。この品種はさまざまなF_1種の親となった。その鱗茎が栽培され、最高の種が取れる株がさらに選抜され、品種改良が行なわれた。

そして、ついに科学者たちは、ある性質をもつ雄株《おかぶ》を開発した。その雄株を雌株《めかぶ》と交配させると、父に当たるその雄株のどの特性も示さない雌株が生産できるのだ。また、雌株と交配させた結果、商業的価値の高い特性――べと病、黒穂病《くろぼ》、紅色根腐れ病《こうしょくねぐさ》、それにアザミウマなどの病虫害に対する耐性など――だけをもつ作物を生み出す雄株も開発され、これによってＤＤＴなど農薬の使用を減らせることができた。

アメリカ合衆国の農務省が１９４７年に発表した報告書『交配種タマネギの話 *The Story of Hybrid Onion*』において、研究者のＨ・Ａ・ジョーンズとＡ・Ｅ・クラークが熱く語っている。

科学者は適切な近交系《きんこうけい》［遺伝学で同一系統内での交配を繰り返し、遺伝的な均一性を高めた系統］のタマネギの交配に成功し、すばらしい成果を得た。交配種の中には、その親の3倍の重さをもつものもあれば、形、大きさ、均質性、熟期において傑出したものもある。さらに重要なことに、この成果によって、交配種の種を使って商品作物を生産できる可能性が高いことがわかったのだ。

1950年代は、このような安全で、耐病性があり、収穫量の多い品種が初めて開発された時代であり、農業の未来は明るいように思えた。だが現在は、F_1種の使用は種の遺伝的基礎を脅かし、いわゆる「遺伝的浸食」［栽培品種が一部の品種に収斂《しゅうれん》していき、単一栽培が進む現象］につながるのではないかという懸念が科学者の間に広がっている。

現在、商業目的で栽培される種の数はどんどん減少している。アメリカで今日栽培されているタマネギの大部分は、大きく分けて3種類だ。ひとつは「スイートスパニッシュ」で、大きくて甘い鱗茎をつける。ふたつ目は「ホワイトクレオール」に代表される乾燥が早くて色白のタマネギで、加工食品などに使われる。3つ目は長期保存ができる貯蔵性のよい品種だ。[6] 懸念されるのは、栽培種が減少すると、何か新しい病気が発生し、加えて広く栽培されている品種にその病気への耐性がない場合、世界のタマネギの大部分が壊滅しかねないことだ(7)。

◉今日の生産

タマネギは、世界でトマトに次いで2番目に重要な園芸作物だ。2015年の国際連合食糧農業機関（FAO）の統計によると、タマネギの最大生産国は2200万トンを生産する中国で、2位がインドで1500万トン、次にアメリカ、エジプト、イランが続く。なお、国際市場での高値によって国内のタマネギが不足することを恐れたインド政府は、2010年にタマネギの輸出を禁止したことがあった（インド国内ではタマネギ価格の急騰への不満がたまっていたという）。インドは世界でも最もタマネギの人気が高い国のひとつで、統計上ではリビアに後れをとっているが、2011年は国民ひとり当たり33・6キロのタマネギを食べた（比較のために言うと、イギリス人はフランス人をタマネギ愛好家だと考えるが、それでも2011年にはひとり当たり5・6キロしか食べていない）。それ以外にタマネギ好きの国と言えば、アルバニア、タジキスタン、ウズベキスタン、アルジェリアが挙げられる(8)。

ネギの統計では、ニンニクと同様にやはり中国がトップを占め、ネギは96万トン、ニンニクは1850万トンを生産している。日本と韓国がそれに続き、アジア料理におけるこの材料の人気ぶりを証明している。中国から朝鮮半島（および日本）には、一回の食事に5つの色――緑か青、赤、黒、黄、白――を入れるべきだという薬膳の考え方があり、きざんだネギは、しばしば食事の「緑」のパートを受けもち、プルコギのつけだれの風味づけにも使われる。

中国はニンニクの最大の生産国だが、ひとり当たりの消費量は韓国がトップで、1日の消費量は8～9個（約55グラム）と言われている。ニンニクの鱗茎だけでなく料理によっては茎も食べる。ニンニクは食材として使われるだけでなく、米から造る酒マッコリの風味づけにも使われる。

アメリカの農務省によると、平均的なアメリカ人は2010年の1年間にひとり1キロのニンニクを消費しているが、その約75パーセントは刺激の強い生のニンニクではなく、乾燥ニンニクだ。アメリカの国産ニンニクの大部分はカリフォルニア州ギルロイで生産され、この町では毎年ギルロイ・ガーリック・フェスティバルが開催される。世界のニンニク消費量の統計を見ると「ここが世界のニンニクの中心地」だという町の主張は少々楽観的すぎるように思えるが、アメリカは、国内のニンニクの消費量が比較的少なくても、臆することなく4月19日を全米ニンニクの日と定めている。

「世界のニンニクの中心地」を自任するカリフォルニア州ギルロイにある壁画

どじょう鍋に使われるネギ

リーキなどのその他のアリウム属の野菜——日本人に愛されているネギや、中国人と日本人が好むラッキョウなど——の主要な生産国はインドネシアで、トルコとフランスがそれに続く。

日本人が好きなアリウム属、ネギにはさまざまな品種がある。リーキと同じくらい太いものもあれば、糸のように細いものもある。「白ネギ」と「青ネギ」に大別され、各地方特産の品種も数多くある。ネギは生のままソバのトッピングとして使ったり、納豆（大豆を醱酵させたもの）や豆腐と一緒に食したりもする。みそ汁にはほとんどいつも入っているし、めん類のトッピングにしたり、炒め物に入れたりする。においの強い食べ物は伝統的に悪から身を守ると信じられており、そのため体の具合が悪い人に食べさせたり、病気を追い払うために湿布のように首に巻いたりすることもある。朝鮮半島ではさまざまな種類のネギをキムチの風味づけに使う。アメリカは、リーキの産出国トップ20にも入っていない。

しかしながら、アメリカ人は現在、かつてないほどタマネギを食べるようになっている。2010年には年に9・7キロのタマネギを食べており、1998年のひとり8・8キロより増加した。これはおそらく、健康的な食事への関心の高まりと、もっと野菜を多く食べるべきだという一般的な傾向、それに、タマネギとニンニクを多量に使うラテンアメリカ系の食文化で育った人の数がますます増えてきたこと、あるいは——悲観すべきことだが——

一般にタマネギとともに供されるハンバーガーの人気が衰えを見せないことによるものだろう。

◉技術革新

今日、スーパーの冷蔵棚に並ぶハンバーガーに入ったタマネギや、スープに入ったニンニクは、天然のものとは似て非なるものである可能性が高い。技術革新によって食材の保存可能期間が長くなり、輸送が楽になったぶん、技術者たちは風味の改善に専念できるようになった。タマネギとニンニクを水蒸気蒸留すると風味の濃い油を抽出することができるが、スープをはじめさまざまな加工食品にはこれが使われている。そのため、風味はあっても繊維質や多くの栄養素は失われてしまっている（これとは別に、脱水されている可能性もある）。

乾燥は、昔から行なわれていた保存方法だ。紀元前１７００年頃、あるアッシリア人は日光に当てて乾燥させたニンニクをひとかご所望する手紙を上司に書いている。[9] だが、現代の工業的な乾燥法に日光は必要ない。タマネギの場合、皮をむいて上下を切り落とし、消毒と洗浄を行なってから、みじん切りか薄切りにしてしまう。準備ができたタマネギを75℃の熱風の中に入れて含水率を低下させ、最終的には60℃まで下げて乾燥させる。このプロセス

オニオンリング

を急ぐと、タマネギは糖分が変色して黒ずんでしまう。最後にもう一度熱風を吹きかけて乾燥させ、含水率がちょうど4パーセントになると完了だ。

ニンニクも同様の方法で乾燥させる。乾燥させたものをフレーク状のまま食材として使用する場合もあれば、粉にしてケチャップやマヨネーズ、ブイヨン、スープ、スナックに加えたり、塩と混ぜて調味料にする場合もある。乾燥タマネギの粉にでんぷんと塩を加えてペースト状にし、型で押し出せば「オニオンリング」ができる。袋詰めで販売されている「オニオンリング」がこれだ[10]。アメリカは、このように加工されたタマネギとニンニクの世界最大の市場である。

◉涙

料理をする人なら誰でも知っているように、タマネギは独自の防御メカニズムを持っている。そう、切ると涙が出るのだ。嘘の涙を英語で「ワニの涙」と言うが、イディッシュ語では、タマネギに催涙作用があることから「タマネギの涙」と呼ぶ。シェイクスピアの『アントニーとクレオパトラ』では、アントニーの腹心の友エノバーバスが「それに、私まで、馬鹿々々しい、目がしみてきた（onion-eyed）」［『世界の文学コレクション36　シェイクスピア1』

福田恒存訳、中央公論社〕と言うが、これは心を揺さぶられて涙が出たということだ。タマネギを切るとなぜ涙が出るのかは今も科学的な研究の課題でありつづけている。2013年のイグノーベル賞の化学賞は、この問題を研究した日本の研究者チームが受賞した。『ネイチャー』誌に掲載されたその論文では、以下のように説明している。

タマネギをきざんだときに発せられる刺激性の催涙成分は、アリイナーゼという酵素が、タマネギの特徴的な風味の原因となる化合物を生み出す生化学的プロセスにおいて作用すると同時に生み出されるのではないかと考えられてきた。しかしわれわれは、タマネギの催涙成分はこの反応の副産物として形成されるのではなく、まだ知られていなかった新しい酵素、催涙成分合成酵素によって合成されることを発見した。この合成酵素の活動を下方制御することによって、タマネギ独特の風味と高い栄養価は残したまま、催涙成分のないタマネギをつくり出せる可能性が出てきた(11)。

門外漢なりに説明するとこうなる。タマネギをきざむと細胞が壊れる。すると、揮発性ガスを作る物質が放出される。そのガスが空気中に広がり、目の中の水分と結びついて硫酸が形成される。硫酸は焼けつくような感覚をもたらすので、その刺激物を洗い流そうとして、

ガスマスクをつけてタマネギをむく兵士（カリフォルニア州キャンプ・カーニー／1942年頃）

涙腺に涙が作られる。

タマネギの涙が強烈な印象を与える作品に、ギュンター・グラスの『ブリキの太鼓』（1959年）がある。ダンツィヒ（現在のポーランドのグダニスク）の青年で、この小説のアンチヒーローであり頼りない語り手であるオスカル・マツェラートが、第2次世界大戦と戦後の復興期を生きていく物語だ。彼はナイトクラブ「たまねぎ酒場」について、金のかかる高級な店で、裕福そうな紳士がよく訪れ、タマネギの袋に居心地悪そうに座り、夜のメインイベントが始まるのを待っていると書いている。

終戦直後で、ドイツ人たちは危機に陥っていた。「彼らは話したい、心を打ち明けたいと思っているのだが、話を始められないようだ。どんなに努力してみても、肝心なことほど話せず、遠回しに話すことしかできない」。彼らは自分の目で見た恐怖と向き合うことができないから、話すことも泣くこともできないのだ。酒場の経営者はタマネギの模様のショールを身につけ、抜群のショーマンシップを発揮しながら、まな板と果物ナイフを取り出し、常連客に配っていく。「さあ、みなさん、受け取ってください！」と彼は叫ぶ。客たちは言われた通りにする。

タマネギの汁はどんな仕事をしたのか？　世の中や世の中の悲しみがなしえないことをした。人間に大粒の涙を流させたのだ。タマネギは人を泣かせた。彼らはようやくふたたび泣くことができた。行儀よく泣き、思う存分泣き、狂ったように泣いた。涙が流れ、すべてを洗い流した。

これらの幸運な生存者は、安全な状況で自分の感情が少しずつほぐれていくという特権に対し、金を払わねばならないと感じる。彼らは自らの戦争体験によって、ひどく傷ついていた。

きわめて物理的な言葉で表現すると、タマネギの秘密の武器に対して人一倍敏感な人がいるのは事実である。だが、こうした不運な人にも、その苦痛から逃れるための実証済みの方法がいくつかある。ひとつはタマネギを冷蔵庫に入れておくことだ。タマネギが冷えていると、化学変化と化合物の放出がゆるやかになる。水中でタマネギを切るのも効果的だ。コンタクトレンズ、メガネ、あるいは、とくに敏感な人向けの特殊なタマネギ用ゴーグルを着用するのもいい。きわめて鋭利な薄いナイフを使うことで涙の出る量を減らすという方法もある。スパッと切ると壊れる細胞が少なくてすみ、放出される刺激物も少ない。

だが、どうにも打つ手がない人にも、希望はある。ニュージーランドの科学者が、遺伝子を組み換えた新しい「涙の出ないタマネギ」を開発したのだ。おそらく21世紀中には、タマネギの涙は遠い記憶になることだろう。

●口臭

シェイクスピアの『真夏の夜の夢』の中で、職人のボトムが仲間の役者たちにこんなことを言っている。「親愛なる役者諸君、間違ってもタマネギやニンニクは食うなよ。俺たちは甘い言葉を発することになっているんだからな」〔『シェイクスピア全集21』松岡和子訳、ちくま文庫〕（現在でも状況は同じ。反対に、共演者を遠ざけるためにキスシーンの前にタマネギを食べるというのは役者の間でよく知られた悪ふざけだ）

タマネギとニンニクは、食べると嫌な口臭がすることで悪名高い。問題はアリシンという化合物で、タマネギやニンニクを食べて消化していくうちに、分解して硫黄を含んださまざまな化合物になる。これらの化合物のひとつのアリルメチルスルフィドは、分解するのに時間がかかる。つまりニンニクのにおいは、食べたあとかなり長い間消えないということだ。この化合物は肺、肝臓、皮膚をめぐって排出される。全身からにおいを発散するので、口臭予防のキャンディや洗口液はあまり効果がない。昔ながらの対策としてパセリやミントを食べるというのがあるが、科学的研究によれば、どちらも効果があるとは証明されていない。

ただし、救いがないわけではない。２０１０年、オハイオ州立大学のシェリル・バリンガーとアリーラット・ハンサヌグラムが、コップ１杯の牛乳を飲むことでニンニクのにおいが消えるという研究成果を発表した。脂肪と水分の混合物がにおいを薄めるのだという。この理論を検証したいと思う人は、ニンニクを食べたあとで牛乳を飲むより、食べながら牛乳を飲むほうが効果があることを覚えておくといいだろう。[12]

◉栄養

健康補助食品の製造業者は、いまだにニンニクとタマネギを万能薬として販売している。ニンニクの錠剤は最も人気の高いサプリメントのひとつで、コレステロール値の低下や心臓疾患の予防から風邪の治療まで、あらゆることに効くと考えられている——しかも口臭の心配なしに。しかしながら、その効果のほどについては、まだ判定は下されていない。

米国医師会の内科専門誌『アーカイブス・オブ・インターナル・メディシン』に2007年に発表された研究によると、血中コレステロール値が基準値よりやや高い患者に関しては、ニンニクにはコレステロール値を下げる効果は認められなかった。そして、アメリカ心臓協会は次のように結論を出した。

ニンニクはコレステロールのデータを改善すると示唆する数十年にわたる調査にもかか

ヘラルト・ドウ『玉ねぎをきざむ少女』(1646年)

わらず、国立衛生研究所出資の治験からは、生のニンニクもニンニクのサプリメントも、ＬＤＬコレステロール、ＨＤＬコレステロール、トリグリセリドのいずれにおいても何の効果もなかったことが判明した。この研究結果は、小規模で欠陥のある研究で構成されるメタ分析の危険性と、民間の薬草療法を徹底的に研究することの価値を強調するものだ。

タマネギのしぼり汁が傷の治癒や感染症との戦いを助けたり、がん細胞を死滅させたりすることには何らかの根拠があるが、これは特定の研究機関の検査においてのみ観察されたにすぎず、その結果は人間の消化器官で起こることに必ずしも適用できるものではないという見解もまた、注目に値する。さらに、２００２年のニューヨーク・タイムズ紙は、当時市場に出回っていた14のニンニクのサプリメントのうちの７つは、研究者が広告通りの効果を人体におよぼすのに必要だと考える有効成分の量を満たしていないと報じている。[13] 購入者はご用心！

タマネギやニンニクは、サプリメントより野菜そのものを食べるほうが明らかに体によい。ビタミンＣ、ビタミンB_6、葉酸《ようさん》が多く含まれ、すぐれた食物繊維の摂取源でもある。世界保健機関は、咳、風邪、喘息、気管支炎にはタマネギを推奨していて、これは伝統中国医学とまったく同じだ。ニンニクなどアリウム属を多く食べる人は、胃がん、乳がん、食道がん、結腸がん、前立腺がん、腸がんにかかりにくいという研究結果も出ている。アリウム属は天然系抗酸化剤やプレバイオティクス（腸内の善玉菌を増やし、消化を助ける）、ケルセチン化合物、クロムを含む。これらには抗炎症効果がある（それに、たぶん花粉症患者にも有効）だけでなく、ホルモンバランスを良好に保つのにも有効だと考えられている。

牛にタマネギやニンニクを食べさせると、牛が放出するメタンガスの量を減らせる。だが残念なことに、これらを生で与えると牛乳の味が落ちてしまう。したがって、牛の餌に何らかのネギ類の抽出物（エキスなど）を補う研究が進められている。おそらくこのやり方で、アリウム属は気候変動のプロセスを遅らせることに一役買えるかもしれない。もちろん、私たちが肉や乳製品の消費を減らすほうがより有効な手段ではあるのだが。

●密輸と食品偽装

過去数年の間に、予想外の新しい犯罪が増加した。ニンニクの密輸である。ＥＵでは外国産ニンニクに対して９・６パーセントの関税を課しているが、これは中国の農民との価格競争からヨーロッパのニンニク栽培農家を保護するための政策だ（さらに、１トンにつき1200ユーロの追加料金もかかる)。これがニンニク業界における不正行為の大幅な増加につながった。

2013年、EU非加盟国でニンニクに関税がかからないノルウェー経由でスウェーデンおよびEU加盟国へ1000万ユーロのニンニクを密輸していた集団を陰で操っていたとして、スウェーデンはふたりのイギリス人に対し国際逮捕状を発行した。またこれ以外にも、課税を逃れるためにニンニクに他の作物のラベルを貼った犯罪も発生している。2012年12月にはロンドン西部出身の男が、ニンニクを課税対象ではないショウガに偽装し、250万ユーロ(約400万ドル)の課税を免れようとしたとして、有罪判決を受けた。もしかしたら税関でニンニクのにおいがもれて発覚したのだろうか?(14)

●祝祭

かつてはイギリスの至るところで見られたオニオン・フェアは減少したものの、いまも数多くのタマネギの祝祭が世界各地で催されている。オニオン・フェアはマウイ島やインドのムンバイでも開催されている。イギリスのグロスターシャー州ディーンの森で開催されるオニオン・フェアは13世紀にさかのぼるが、ここではタマネギ栽培家に賞が授与され、タマネギの早食い競争も行なわれる。女性は140グラム、男性は200グラムの生のタマネギを食べなければならない。2012年の優勝タイムは、女性は1分24秒、男性は1分6秒だった。誰でも参加できるが、洗口液は各自で用意するようにという指示がある。

ドイツのネッカー河畔の町エスリンゲンでは毎年8月にツヴィーベルフェスト（タマネギ祭）が開催されるが、ドイツで最も有名なものは、ヴァイマルで3日間にわたって開催されるイベントで、住民はタマネギの花輪で自宅を飾る。この祭りについて最初に記録した史料は1653年のもので、「獣とタマネギの市場」と書いている。最も有名な参加者は詩人のゲーテ（1749～1832）だ。祭りを祝して自分の机――もちろん家も――を、タマネギを吊した紐で飾ったと言われている。毎年10月、35万人のタマネギ愛好者がこの町を訪れる。未婚・既婚を問わず、ヴァイマルやその近郊に住む若い女性は、祭りの顔である「タマネギの女王」コンテストに応募でき、毎年新しい女王が選ばれる。

スペインのカタルーニャ地方は、カルソッツと呼ばれるマイルドで鱗茎が小さい、巨大なネギ類の産地だ。12月から3月にかけて開催される収穫祭のカルソターダでは、丸焼きにしたカルソッツがヘーゼルナッツ、ニンニク、酢、パン粉、トマト、チリパウダーを混ぜた特製のソースとともに供される。人々はカルソッツをたらふく食べたあと、地元のソーセージを炭火で焼き、祝宴を伝統にのっとってオレンジのデザートで締めくくる。(15)

炭火で焼かれるカルソッツ（スペイン、カタルーニャ地方）。カルソッツの正しい食べ方は、緑色の部分の端を持って顔の上まで持ち上げ、白い部分を口の中へ垂らすというもの。

アリウム属でその名を冠したフェスティバルが開かれるのは、タマネギやネギだけではない。毎年イギリスのワイト島ではガーリック・フェスティバルが、ウエストバージニア州カルフーン郡ではランプ（ヒラタマネギ）・フェスティバルが開催される。また、シェフのマイケル・スタットランダー氏はオンタリオ州の自身の農場で、ワイルドリーキ・アンド・メイプルシロップ・フェスティバルを開催する。オランダのフラールディングではロックン・ランプス・フェスティバルが開かれ、参加者はヒラタマネギが入った料理を食べながら、ロックバンドの演奏を聴くことができる。

Allium ursinum はワイルドガーリック、ラムソンとも呼ばれる。この学名は「クマのニンニク」という意味で、ヒグマがこの鱗茎を掘って食べることから付けられた。

訳者あとがき

本書『タマネギとニンニクの歴史 *Onions and Garlic: A Global History*』は、イギリスの Reaktion Books が刊行している The Edible Series の一冊です。このシリーズは２０１０年、料理とワインに関する良書を選定するアンドレ・シモン賞の特別賞を受賞しました。

「タマネギは好きですか」と尋ねると、多くの人は「はい」と答えるでしょうが、「一番好きな食べ物は何ですか」ときかれて、「タマネギ（あるいはニンニク）です！」と答える人は、少数派ではないかと思います。

リンゴなら「やっぱり『ふじ』が好き」などと銘柄を挙げる人もめずらしくないでしょう。しかし、「私のお気に入りのタマネギの品種は……」と名前を挙げる人には、まだお目にかかったことがありません。ほとんど毎日のように口にするタマネギですが、多くの人はせいぜい「新タマネギ」と「普通のタマネギ」を区別するくらいで、品種や銘柄についてはほとんど関心がないというのが実情だと思います。
本書の翻訳中は、タマネギ関係のサイトを放浪しましたが、ある日「女子がついストックしてしまうもの」というアンケートが目に留まりました。野菜の中では、ジャガイモでもダイコンでもなく、タマネギだけが挙がっていました。憧れの対象にはならないけれど、ストックがないと不安になり、西洋料理はもちろんのこと、和食や中華まであらゆるジャンルの料理に溶けこみ、いい味を出しているタマネギ――まさに、序章のタイトル通り、「欠かせない名脇役」だと認識を新たにしました。
「涙の出ないタマネギ」の販売もすでに始まっているようです。そのうち「昔はタマネギを切ると、涙が出て困ったのよね」などと語りあう日が来るのでしょう。

一方、ニンニクはというと、タマネギが日本に広まったのは明治以降であるのに対し、すでに8世紀ごろには伝わっていたようです。古くは「古事記」「日本書紀」にも「蒜《ひる》」として登場し、平安時代に書かれた「源氏物語」では、「帚木《ははきぎ》」の巻の有名な「雨夜の品定め」の場面で、藤式部丞《とうしきぶのじょう》の和歌に詠みこまれています。

本書ではラッキョウはあまり出番がありませんでしたが、観賞用ではなくても、とても可憐で美しい、藤色の花をつけます。花言葉も「つつましいあなた」。中国では紀元前から栽培されていましたが、日本へは平安時代に伝わり、江戸時代に食品として普及したと言われています。ニラも白い星型の愛らしい花をつけ、花言葉は「星への願い」。「名脇役」の中には妹系キャラもいるようです。ちなみに、ニンニクの花言葉は「勇気と力」、タマネギは「不死」で、やはりたくましいイメージですね。花言葉を知ると、店先に並ぶアリウム属の野菜たちがなんだか新鮮に見えてきます。

著者のマーサ・ジェイは、かなりのグルメらしく、「どじょう鍋」の写真が出ていることからも、日本食への関心の深さがうかがわれます。訳者としては、第5章に出てきたカタルーニャ地方の「カルソッツ」を、ぜひいつか体験したいと思っています。この夢がかなうのを待ちながら、とりあえず「牛肉のネギ巻き」にでもトライしてみましょう。

最後になりましたが、翻訳にあたり、今回も原書房の中村剛さん、オフィス・スズキの鈴木由紀子さんから貴重なご助言をいただきました。心よりお礼を申し上げます。

２０１７年４月

服部千佳子

写真ならびに図版への謝辞

図版の提供と掲載を許可してくれた関係者にお礼を申し上げる。

The British Museum, London, photos © Trustees of the British Museum: pp. 21, 25, 29, 31, 56, 67, 77; iStock.com/AWEvans: p. 6; The J. Paul Getty Museum, Villa Collection, Malibu, California: p. 35; Library of Congress, Prints and Photographs Division, Washington, DC: pp. 8, 33, 78, 81, 126, 129, 130, 133, 134, 146; The Victoria & Albert Museum, London: pp. 85, 86, 94; The Walters Art Museum, Baltimore: pp. 71, 75, 108; Wellcome Library, London: pp. 17, 53, 62, 73, 115; Yale Center for British Art: p. 57.

Pliny the Elder, *The Natural History*, trans. John C. Bostock, www.perseus.tufts.edu［プリニウス『プリニウスの博物誌』（中野定雄，中野里美，中野美代訳，雄山閣，1986年）

Shaida, Margaret, *The Legendary Cuisine of Persia*（London, 2004）

Watts, D.C., *Dictionary of Plant Lore*（Burlington, San Diego and London, 2007）

Wilson, C. Anne, *Food and Drink in Britain from the Stone Age to Recent Times*（London, 1973）

Wujastyk, Dominik, *The Roots of Ayurveda*（Harmondsworth, 2003）

参考文献

Alcock, Joan P., *Food in the Ancient World* (Westport, CT, 2006)

Apicius, *De re coquinaria*, trans. Walter M. Hill, www.penelope.uchicago.edu

Block, Eric, *Garlic and Other Alliums: The Myth and the Science* (Cambridge, 2010)

Bottéro, Jean, *The Oldest Cuisine in the World*, trans. Teresa Lavender Fagan (Chicago, IL, 2004)［ジャン・ボテロ『最古の料理』（りぶらりあ選書）松島英子訳，法政大学出版局，2003年］

Brewster, J. L., *Onions and Other Vegetable Alliums.* (Wallingford, 2008)

Coonse, Marian, *Onions, Leeks and Garlic: A Handbook for Gardeners* (College Station, TX, 1995)

Cwiertka, Katarzyna J., *Modern Japanese Cuisine: Food, Power and National Identity* (London, 2006)［カタジーナ・チフィエルトカ『秘められた和食史』安原美帆訳，新泉社，2016年］

Dalby, Andrew, *Food in the Ancient World from A to Z* (London and New York, 2003)

Davidson, Alan, *The Oxford Companion to Food* (London, 2010)

Evelyn, John, *Acetaria: A Discourse of Sallets* (1699), at www.gutenberg.org

Homer, *The Iliad*, trans. Samuel Butler, www.perseus.tufts.edu［ホメロス『イリアス』（上下）松平千秋訳，岩波文庫，1992年］

Jay, Martha, 'Onions at War', *The Foodie Bugle*, 28 August 2012, www.thefoodiebugle.com

Li Ji, trans. James Legge, www.ctext.org

Klemettilä, Hannele, *The Medieval Kitchen: A Social History with Recipes* (London, 2012)

Laurioux, Bruno, *Manger au Moyen Âge: pratiques et discours alimentaires en Europe au XIVe et XVe siècles* (Paris, 2002)［ブリュノ・ロリウー『中世ヨーロッパ食の生活史』吉田春美訳，原書房，2003年］

Mayhew, Henry, *London Labour and the London Poor* (London, 1851)［ヘンリー・メイヒュー『ヴィクトリア時代　ロンドン路地裏の生活誌』（上下）植松靖夫訳，原書房，2011年］［ヘンリー・メイヒュー『ロンドン貧乏物語――ヴィクトリア時代　呼売商人の生活誌』植松康夫訳，悠書館，2013年］

Pettid, Michael J., *Korean Cuisine: An Illustrated History* (London, 2008)

レシピ集

昔のレシピ

◉消化のよい野菜料理

あらゆる緑の野菜はこの目的に適している。『アピキウス（料理の題目）』より。

1. まだ若いビートの根と十分生育したリーキをさっと茹でる。
2. オーブン皿に並べ，コショウとクミンを挽いてかけ，スープとブドウの濃縮果汁（甘みを増すものなら何でもよい）を加える。
3. 火にかけ，最後は弱火でじっくり煮こんでから供する。

………………………………………

◉肉を使わないポタージュ

ジョン・イーヴリン『アケーターリア――サラダに関する考察』（1699年）より。

1. 4クオート（約4.5リットル）のわき水，クローブを数片挿したタマネギ2～3個を用意する。
2. レモンの皮2～3枚，塩，白コショウの実，ナツメグ，ショウガ1～2かけを目の細かい布（ローン生地かティファニー織り）で包み，熱湯で半時間茹でる。
3. ホウレン草，ヒメスイバ，葉軸の白いフダンソウ，小さなキャベツ1個，アサツキ少々を洗い，細かくきざみ，熱湯の中へ入れる。やわらかくなるまで煮て裏ごしした約500ccのエンドウ豆も加える。
4. 香草1束とフランスパン1個を丸ごと加え，3時間煮こむ。
5. 皿に盛ったら，小さなフランスパンやスライスしたパンを添える。または，パンをスライスしてこんがり色がつくまで油で焼き，食べる直前にポタージュに載せる。
6. 同じ香草をきれいに洗い，束をほぐして小土瓶に入れてふたをし，他に水や酒を加えずにそれ自身の水分と湿気だけで煮こむ。タマネギを丸ごと加える人もいるが，少し煮こんだら取り出したほうがよい。塩と香辛料で味付けするのを忘れないように。パンとフレッシュバターを添えて供する。

………………………………………

◉ドイツ風ソーセージ

ハナー・グラス『シンプルで簡単な料理術 *The Art of Cookery Made Plain and Easy*』（1747年）より。

材料のほとんどがパンと臓物というこの経済的なソーセージを見ると，タマネギは昔から，安価な肉や臓物と相性が良かったことがわかる。

1. 1ポンド（約450*g*）のスエット［牛や羊の腎臓の周りから取った固い脂肪組織］，羊の肺半分，ひと握りのパセリ，タイム，マージョリー，タマネギをすべて小さくきざみ，パン粉も加え，塩とコショウで味付けする。
2. これを羊の腸に詰め，油か溶かしたスエットで焼く。作ったらすぐに食べること。

◉タマネギのパイ

ハナー・グラス『シンプルで簡単な料理術』（1747年）より。

このパイの注目すべき点は多量のナツメグを使うことだ。

1. ジャガイモ数個を洗って皮をむき，薄切りにする。
2. タマネギ数個の皮をむき，薄切りにする。
3. リンゴ数個の皮をむき，薄切りにする。
4. パイ皮を作り，皿にかぶせ，¼ポンド（約110*g*）のバターをまんべんなく塗る。
5. ¼オンス（約8*ml*）のメース（すりおろしたナツメグ），挽いたコショウ小さじ1，塩小さじ3をすべて混ぜて，その一部をバターの上に振りかける。ジャガイモ，タマネギ，リンゴ，卵をパイ皿がいっぱいになるまで順番に重ねる。それぞれの層の間に先ほどのスパイスを振り，最後に¼ポンド（約110*g*）のバターを小分けにしたものとスプーン6杯分の水を振る。
6. パイを閉じ，約1時間半焼く。ジャガイモ1ポンド（約450*g*），タマネギ1ポンド，リンゴ1ポンドで作るとうまくいく。

◉タマネギのピクルス

『ビートン夫人の家政読本 *Household Management*』（1747年）より

ピクルス用のタマネギ，塩水，牛乳…各1ガロン（約4リットル）
酢…半ガロン
ショウガ（たたきつぶしたもの）…1オンス（約28グラム）
赤唐辛子…小さじ¼
オールスパイス…1オンス
黒コショウの実…1オンス
ナツメグの実（たたきつぶしたもの）…¼オンス
クローブ…8個
メース…¼オンス

1. タマネギを収穫する。完全に乾燥し，熟したもので，あまり小さくないものがよい。土や泥は拭きとるが，皮はむかない。
2. 濃い塩水を作り，その中へタマネギを入れ，3日間朝と夜に水を取り替える。最後の塩水は捨てずに取っておく。
3. タマネギの外皮をはがし，錫（すず）製の鍋に入れる。一度で済ませられる

ように，タマネギが全部入る大きな鍋がよい。
4. 同量の牛乳と最後にタマネギを浸していた塩水を注ぎ入れる。大さじ2杯分の塩を加えて火にかけ，注意深く見守る。木製の穴あき杓子でつねに鍋の中をかきまぜ，重なっているタマネギの位置を入れ替える。杓子の穴から牛乳と塩水を通すようにする。注意すべきことは，タマネギを決してグツグツ煮ないこと。使い物にならなくなる。タマネギが透明になったら火を止める。なお2，3分かきまぜ続けるが，傷つけないように気をつけること。
5. タマネギをざるに空けて，蒸気が逃げないようにふきんで覆う。テーブルに2重か3重に折った古い布を敷き，タマネギが熱いうちにそこへ空ける。古い毛布を掛け，蒸気が逃げないようにする。そのまま翌日まで置いておく。すっかり冷め，黄色くしなびた皮をはがすと，タマネギは雪のように白くなっているはずだ。
6. タマネギを鍋に入れる。酢と残りの材料を別の鍋に入れてピクルス液を作る。沸騰したら，タマネギを入れた鍋に注ぎ入れる。蒸気を逃さないようにぴったりとふたをし，翌日になってすっかり冷めるまで放置する。それを瓶か広口のかめに入れてきちんと栓をする。瓶やかめの口に質の良いオリーブオイル大さじ1を垂らす。器を布で固く縛り，冷暗所に置いておく。1か月または6週間たつと食べ頃だ。タマネギは見事に白くなり，食べるとシャキシャキした歯ごたえで，ぐにゃっとした感じはまったくない。数か月日持ちする。7月中旬から8月末までの季節にぴったりだ。

現代のレシピ

◉フレンチオニオンスープ

（4人分）
バター…75*g*
タマネギ…4個（薄くスライスする）
中力粉…大さじ1
タイム…2本
ビーフストック…750*ml*
フランス産シードル…250*ml*
バルサミコ酢…大さじ1
バゲット…8枚（約1.5センチの厚さにスライスしたもの）
グリュイエールチーズ…100*g*（すりおろす）

1. 大きな鍋でバターを溶かし，タマネギを加えて弱火で飴色になるまで，およそ1時間半炒める。この時間を短縮したいなら，ブラウンシュガーをひとつまみ加えるとよい。ただし，甘くしすぎないこと。
2. タマネギ全体がやわらかく，飴色になったら，中力粉とタイムを入れてよくかきまぜる。

3. よくまざってダマがなくなったらビーフストックを加え，沸騰するまでかきまぜる。
4. 沸騰したらとろ火にし，コトコトと1時間煮こむ。
5. シードルとバルサミコ酢で味付けをする。
6. スープをオーブンで使える4つのボウルに入れ，それぞれのボウルに両面がきつね色になるまでトーストしたバゲット2枚とすりおろしたグリュイエールチーズ¼を載せる。
7. ボウルをオーブンに入れ，チーズが溶けて泡立つまで焼く。

………………………………………

●エビとチャイブの餃子

この伝統的な点心は作るのがとても簡単だ。手に入るなら，ニラを使うとよい。

[餃子]
生のエビ…200g（すり身にする）
ニラ…200g（細かいみじん切り）
卵の白身…1個分
ニンニク…1かけ（みじん切り）
コーンスターチ…小さじ1
紹興酒…小さじ2
ゴマ油…小さじ1
上白糖…小さじ1
塩…小さじ½
餃子の皮…24枚
[餃子のたれ]
しょうゆ…大さじ3
米酢…大さじ3
ゴマ油…小さじ½
赤唐辛子フレーク…ひとつまみ

1. 餃子の具の材料をすべて混ぜ，小さじ1ずつ皮の中央に載せる。
2. 皮を半分に折って合わせたところにひだを寄せる。
3. 竹の蒸し器（セイロ）に入れて6〜7分蒸す。
4. たれの材料を混ぜ合わせ，供する。

………………………………………

●牛肉のネギ巻き

この日本の関東地方の料理は，ハチミツとショウガのたれをかけて食べると最高だ。

ネギ…4本（4センチの長さに切る）
牛肉（ランプかサーロイン）…350g(5×3.5センチ，厚さ1センチに切る)
しょうゆ…60ml
ピーナッツオイル…小さじ2
ハチミツ…大さじ2
ニンニク…1片（みじん切り）
ショウガ…約3センチ（みじん切り）

1. ネギに牛肉を巻きつけ，ほどけないようにつまようじで留める。
2. 片面を5分焼き，裏返してさらに5分焼く。
3. 残りの材料を混ぜ合わせてたれを作り，供する。

………………………………………

◉朝鮮風ニンニクのピクルス

ヒョースン・ロのレシピ（http://www.koreanbapsang.com/category/recipes）をアレンジ。2段階の漬けこみのプロセスを経て，ニンニクは甘く，マイルドになる。

ニンニク…900*g*（約16個）
米酢…550*ml*
海塩…大さじ1
水…1.2リットル
しょうゆ…300*ml*
上白糖…70*g*

1. ニンニクは小片に分ける。熱湯につけると薄皮は簡単にはがせる。ニンニクの薄皮を取り，底の固い部分を切り落とす。水気を切り，殺菌済みの瓶に入れる。
2. 米酢300*ml*，塩，水600*ml* を混ぜて，最初のピクルス液を作る。瓶に入れたニンニクに注ぎ入れ，すべての小片が浸かるようにする。ふたをして，室温でそのまま5日間置いておく。
3. ニンニクをボウルに空け，ピクルス液を切る。瓶は洗ってもう一度殺菌する。
4. 残りの水と米酢にしょうゆ，砂糖を合わせて沸騰させ，3〜4分沸騰した状態を保つ。
5. 火を止めて少し冷まし，その間にニンニクを瓶に戻す。
6. ピクルス液を注いでニンニクを沈めてふたを閉める。最低2週間寝かすと食べごろになる。

◉ユダヤ風オニオンロール

ニューヨークのユダヤ系ベーカリーで人気のロールパン。トッピングに乾燥タマネギを使うレシピもあり，その場合は，トッピングに乾燥タマネギを使う場合は乾燥タマネギを温水に浸して戻し，その温水はあとで生地に使う。このトッピング自体は下のレシピのものほどインパクトはないが，パン全体にタマネギの香りがしみこむ。

強力粉…500*g*
砂糖…小さじ2
塩…小さじ1½
イースト…1パック
ぬるま湯…240*ml*
植物油…大さじ3
甘タマネギ（みじん切り）…大1個
ケシの実…大さじ1
溶き卵…1個

1. 強力粉，砂糖，塩小さじ½，イーストを混ぜる。
2. 中央を少しへこませて，ぬるま湯と植物油大さじ2を入れる。ゆっくりこねてかき混ぜて生地にまとめる。
3. 生地を8〜10分間こねる。シルクのような手触りになったら丸くまとめて，清潔なボウルに入れる。ぬれぶきんをかぶせて温かい場所に約1時間，生地が2倍にふくれるまで休ませる。
4. 生地を8個に分け，ロールの形に成形する。小麦粉を振り，油を塗ったベーキングシートの上に置き，生地が

膨らむまで約30分放置する。ロールが膨れるのを待つ間に，残りの植物油でタマネギを炒め，塩小さじ1を加える。最後にケシの実も入れる。

5. ロールの生地が膨れたら，表面に溶き卵を塗り，上部に炒めたタマネギを散らす。
6. オーブンで約15～20分焼く。ロールの底を軽くたたいてみて，中が空洞のような音がしたら完成。

◉ラム肉のドピアザ

（6人分）
ラムの肩肉（ぶつ切りにしたもの）…1*kg*
植物油…大さじ3
タマネギ（みじん切り）…大3個
コリアンダーシード…小さじ3
クミンシード…小さじ3
ガラムマサラ…小さじ2
ターメリック…小さじ1
生のショウガ5センチとニンニク3片をペースト状にしたもの
みじん切りのトマト3個（またはトマトの缶詰半分）
水…350*ml*
塩，コショウ

1. まずラム肉を植物油でこんがり色がつくまで焼き，鍋から取り出す。
2. 同じ鍋でタマネギ（全体の3分の2）をしんなりするまで炒める。
3. 香辛料を加えて2～3分，香りが立つまで炒める。
4. ラム肉を鍋に戻し，ショウガとニンニクのペースト，トマトを加え，2～3分炒めたら残りの3分の1のタマネギも加える。
5. 3～4分ソテーしてから水を加え，肉がやわらかくなるまで40分ほど煮こむ。塩とコショウで味を調える。

◉トード・イン・ザ・ホール（穴の中のヒキガエル），オニオン・グレイビー付き

このイギリスの伝統的な料理は，ヨークシャー・プディングの型に入れて一人前ずつ作ってもいいし，大きな型にまとめて作ってもいい。

「焚き火の夜」（17世紀初めの「火薬陰謀事件」の首謀者のひとりガイ・フォークスが逮捕されたことを記念する日）やハロウィンにぴったりだ。

（食いしん坊ふたり分）
［トード・イン・ザ・ホールの材料］
植物油…小さじ2
中力粉…75*g*
卵…1個
低脂肪牛乳…130*ml*
良質のソーセージ…6本（これが「ヒキガエル」）
［オニオン・グレイビーの材料］
タマネギ（ごく薄くスライスしたもの）…中2個

植物油…小さじ2
上白糖…小さじ1
マスタードパウダー…小さじ1
中力粉…小さじ2ぐらい
バルサミコ酢…小さじ1
ビーフストック…300*ml*

1. オーブンを220℃に温めておく。金属製の型に植物油を塗り，オーブンに入れる。
2. 生地の準備を始める。中力粉をボウルに入れ，中央をへこませて，そこへ卵を割り入れる。
3. 泡立て器でかき混ぜ，よく混ざったら牛乳を加え，生地がなめらかになるまでさらに混ぜる。そのまま休ませる。
4. オーブンが温まったら，型を取り出してソーセージを入れる。油でジュージューと音が立つはずだ。器の中で転がしていると，すぐに焦げ目がつく。そうしたら器をもう一度オーブンに入れ，10分間ほど加熱してソーセージに火を通す。
5. 型の底にソーセージから出た油がたまっていることを確認する。油が足りないときは，植物油を少量足して弱火で加熱する。こうしておけば生地がくっつかない。ソーセージが等間隔に並んでいることを確認する。ソーセージのまわりに生地を流し入れると，ジュージューと音が立つ。
6. 器ごとオーブンへ入れ，30分間加熱する。
7. その間にオニオン・グレイビーを作る。タマネギに砂糖を加え，弱火にして油で炒める。タマネギが飴色になるまで，絶えずかきまぜる。
8. マスタードパウダーと中力粉を加え，よくかき回して混ぜ合わせ，バルサミコ酢を加える。
9. 全体がなめらかになるまでかき混ぜたら，ビーフストックを入れる。よく混ぜてグツグツと煮こんでいくと，とろみがついて光沢が出てくる。
10. オーブンの中で「穴」が膨れると，「ヒキガエル」が食欲をそそるように突き出してくるはずだ。この料理は，ソーセージの先が少し焦げたほうがおいしくなる。マッシュドポテトとエンドウ豆，それにマスタードかケチャップを添えて供する。

◉赤い卵

ギリシアでは伝統的にイースターに赤い卵を作る。卵の赤はキリストの血を象徴する。タマネギの黄色い皮で卵に赤い色がつくのは奇妙に思えるが，実際うまくいくのだ！

スパニッシュオニオンの皮…8個分
白ワインビネガー…大さじ1
水…500*ml*
卵…6個

1. 白ワインビネガーを入れた水の中にタマネギの皮を入れて沸騰させ，30分煮立たせる。
2. 煮汁を濾してボウルに入れ，冷ます。

吸水性のあるボウルだと色がつくので使ってはいけない。耐熱ガラスのボウルを使うとよい。
3. 卵を鍋の底に入れ，全体が隠れるまで染料液を注ぐ。そのまま沸騰させ，15分間煮立たせる。色をしみ込ませる。
4. 少量のオリーブオイルで卵を磨くと，ピカピカになる。

………………………………………………

◉セボジータ

セボジータ（スプリングオニオンより少し鱗茎が大きなタマネギ）を炭火で焦げめがつくまで焼いたメキシコ料理で，スペインのカルソッツによく似ている。

よく育ったセボジータ…1房
オリーブオイル…大さじ2
ライムのしぼり汁…2個分
コリアンダー

1. セボジータを洗い，オリーブオイルとライムのしぼり汁に全体をひたひたに漬ける。
2. ドレッシングから引き上げ，塩で味を調え，バーベキュー用の網で片面1～2分ずつ，やわらかくなるまで焼く。その上に残りのドレッシングをかけ，コリアンダーを添えて供する。

………………………………………………

◉スパゲッティ・アリオ・エ・オリオ

このイタリアの伝統的なレシピは，とても簡単で，しかもおいしい。夜のお出かけを楽しんだあと，帰宅してから一日の終わりに食べる軽食に最適で，あっという間に準備できる。忘れてはいけない重要なことは，ニンニクを焦がさないこと！

（4人分）
スパゲッティ…500*g*
ニンニク（きわめて薄くスライスしたもの）…6片
エクストラバージン・オリーブオイル…120*ml*
赤唐辛子フレーク…小さじ½
イタリアンパセリ（みじん切り）…30*g*
パルメザンチーズ（おろしたもの）…90*g*

1. 大きな鍋1杯の水を沸騰させて塩を加え，パスタを入れる。
2. 大きなフライパンにオリーブオイルを温め，ニンニクと唐辛子フレークを加える。油の温度が高すぎるとニンニクが焦げるので注意しよう。ニンニクがきつね色になるまで炒める。
3. きつね色になったら，油にパスタの茹で汁大さじ3を加え，タマネギが焦げるのを防ぐ。
4. スパゲッティが茹で上がったら，湯を切ってニンニクを炒めた油に加える。イタリアンパセリとパルメザンチーズを加え，あえる。出来立てを供する。

注

序章　欠かせない名脇役

(1)　Mario Ledwith, Now That's Eye-watering! Gardener Produces Onion Weighing 18 lb and Smashes World Record", *Mail Online*, 14 September 2012, www.dailymail.co.uk.

(2)　J. L. Brewster, *Onions and Other Vegetable Alliums* (Wallingford, 2008), p. 17.

(3)　Ibid., p. 20.

(4)　Ibid., p. 14.

(5)　Alan Davidson, 'Welsh Onion', *The Oxford Companion to Food* (London, 2010) .

第１章　古代のアリウム属

(1)　Jean Bottéro, *The Oldest Cuisine in the World*, trans. Teresa Lavender Fagan (Chicago, IL, 20O4), p. 69.

(2)　Ibid., p. 26.

(3)　Joan P. Alcock, *Food in the Ancient World* (Westport, CT, 2006), p. 53.

(4)　Ibid.

(5)　Ibid.

(6)　Andrew Dalby, *Food in the Ancient World from A to Z* (London and New York, 2003), p. 193.

(7)　Ibid.

(8)　Ibid., p. 155.

第２章　中世のタマネギ

(1)　C. Anne Wilson, *Food and Drink in Britain from the Stone Age to Recent Times* (London, 1973), p. 197.

(2)　Ibid., p. 203.

(3)　Ibid., p. 85.

(4)　Ibid., p. 197.

(5)　D. C. Watts, 'Leek', *Dictionary of Plant Lore* (Burlington, San Diego and London, 2007).

(6) Hannele Klemettilä, *The Medieval Kitchen: A Social History with Recipes* (London, 2012), p. 39.

第3章　旅，交易，民間伝承

(1) Marian Coonse, *Onions, Leeks and Garlic: A Handbook for Gardeners* (College Station, TX, 1995), p. 6.

(2) Eric Block, *Garlic and Other Alliums: The Myth and the Science* (Cambridge, 2010), p. 231.

(3) Raphael [pseud.], *The Book of Dreams: Being a Concise Interpretation of Dreams* (Foulsham, n.d. [18??]), cited in D. C. Watts, 'Onion', *Dictionary of Plant Lore* (Burlington, San Diego and London, 2007).

(4) Watts, "Onion".

(5) '"Put Garlic in your Windows and Crosses in your Homes": Serbian Council Warns Residents Vampire is on the Loose after his House Collapses', *Daily Mail*, 27 November 2012.

第4章　タマネギの改良

(1) Marian Coonse, *Onions, Leeks and Garlic: A Handbook for Gardeners* (College Station, TX, 1995), pp. 6-7.

(2) 'Royal Horticultural Society', *The Times*, 26 October 1887.

(3) 'Birmingham Onion Fair', *Illustrated London News*, 5 October 1872.

(4) James Greenwood, *In Strange Company: Being the Experiences of a Roving Correspondent* (London, 1874), at www.victorianlondon.org.

(5) 'Birmingham Onion Fair'.

(6) 'The French Peasant-farmers' Seed Fund', *The Times*, 24 May 1871.

(7) Katarzyna J. Cwiertka, *Modern Japanese Cuisine: Food, Power and National Identity* (London, 2006), pp. 102-108.

(8) Ibid.

(9) 'Rise and Fall of the Bermuda Onion', www.bernews.com, 25 January 2012.

(10) 'Royal Horticultural Society'.

(11) 'Rise and Fall of the Bermuda Onion'.

第5章　現代のアリウム属

(1) The Onion Anti-defamation Society, *The Times*, 7 December 1936.

(2) 'Vegetable Growing', *The Times*, 13 January 1936.

(3) 'News in Brief', *The Times*, 17 January 1941.

(4) '2 lb of Onions a Head', *The Times*, 20 August 1941.

(5) Letter to the Editor [from the Duke of Norfolk], *The Times*, 27 January 1943.

(6) J. L. Brewster, *Onions and Other Vegetable Alliums* (Wallingford, 2008), p. 13.

(7) Ibid.

(8) Food and Agriculture Organization of the United Nations, www.faostat.com, accessed 28 January 2015.

(9) Jean Bottéro, *The Oldest Cuisine in the World*, trans. Teresa Lavender Fagan (Chicago, IL, 2004), p. 57.

(10) Brewster, *Onions and Other Vegetable Alliums*.

(11) S. Imai et al., Plant B10chemistry: An Onion Enzyme that Makes the Eyes Water, *Nature*, CLXIX/685 (17 October 2002), at www.nature.com.

(12) 'Drinking a Glass of Milk Can Stop Garlic' Breath, www.bbc.co.uk/news, 31 August 2010.

(13) John O'Neil, 'Vital Signs: Testing; Something Amiss in the Garlic', *New York Times*, 29 October 2002.

(14) 'Who, What, Why: Why Do Criminals Smuggle Garlic?, www.bbc.co.uk/news, 12 January 2013.

(15) Xanthe Clay, 'The Allure of the Allium', *Daily Telegraph*, 12 February 20122.

マーサ・ジェイ（Martha Jay）
ロンドンを拠点に，食や歴史に関するライターおよび編集者として活動している。

服部千佳子（はっとり・ちかこ）
同志社大学文学部卒。翻訳家。訳書に『「食」の図書館　脂肪の歴史』『図説　世界を変えた50の宗教』（原書房），『世界基準のリーダー養成講座』（朝日新聞出版），『奇跡が起こる遊園地』（ダイヤモンド社），『孤独の愉しみ方』（イースト・プレス），『ウィキッド』（ソフトバンククリエイティブ）など。

Onions and Garlic: A Global History by Martha Jay
was first published by Reaktion Books in the Edible Series, London, UK, 2016

「食《しよく》」の図書館《としよかん》

タマネギとニンニクの歴史《れきし》

●

2017年4月24日　第1刷

著者……………マーサ・ジェイ
訳者……………服部千佳子《はっとりちかこ》
装幀……………佐々木正見
発行者……………成瀬雅人
発行所……………株式会社原書房

〒160-0022 東京都新宿区新宿 1-25-13
電話・代表 03(3354)0685
振替・00150-6-151594
http://www.harashobo.co.jp

印刷……………新灯印刷株式会社
製本……………東京美術紙工協業組合

ISBN 978-4-562-05400-8, Printed in Japan

パンの歴史 《「食」の図書館》
ウィリアム・ルーベル／堤理華訳

変幻自在のパンの中には、よりよい食と暮らしを追い求めてきた人類の歴史がつまっている。多くのカラー図版とともに読み解く人とパンの6千年の物語。世界中のパンで作るレシピ付。　2000円

カレーの歴史 《「食」の図書館》
コリーン・テイラー・セン／竹田円訳

「グローバル」という形容詞がふさわしいカレー。インド、イギリス、ヨーロッパ、南北アメリカ、アフリカ、アジア、日本など、世界中のカレーの歴史について豊富なカラー図版とともに楽しく読み解く。　2000円

キノコの歴史 《「食」の図書館》
シンシア・D・バーテルセン／関根光宏訳

「神の食べもの」か「悪魔の食べもの」か？　キノコ自体の平易な解説はもちろん、採集・食べ方・保存、毒殺と中毒、宗教と幻覚、現代のキノコ産業についてまで述べた、キノコと人間の文化の歴史。　2000円

お茶の歴史 《「食」の図書館》
ヘレン・サベリ／竹田円訳

中国、イギリス、インドの緑茶や紅茶のみならず、中央アジア、ロシア、トルコ、アフリカまで言及した、まさに「お茶の世界史」。日本茶、プラントハンター、ティーバッグ誕生秘話など、楽しい話題満載。　2000円

スパイスの歴史 《「食」の図書館》
フレッド・ツァラ／竹田円訳

シナモン、コショウ、トウガラシなど5つの最重要スパイスに注目し、古代～大航海時代～現代まで、食はもちろん経済、戦争、科学など、世界を動かす原動力としてのスパイスのドラマチックな歴史を描く。　2000円

（価格は税別）

ミルクの歴史　《「食」の図書館》

ハンナ・ヴェルテン／堤理華訳

おいしいミルクには波瀾万丈の歴史があった。古代の搾乳法から美と健康の妙薬と珍重された時代、危険な「毒」と化したミルク産業誕生期の負の歴史、今日の隆盛までの人間とミルクの営みをグローバルに描く。　２０００円

ジャガイモの歴史　《「食」の図書館》

アンドルー・Ｆ・スミス／竹田円訳

南米原産のぶこつな食べものは、ヨーロッパの戦争や飢饉、アメリカ建国にも重要な影響を与えた！　波乱に満ちたジャガイモの歴史を豊富な写真と共に探検。ポテトチップス誕生秘話など楽しい話題も満載。　２０００円

スープの歴史　《「食」の図書館》

ジャネット・クラークソン／富永佐知子訳

石器時代や中世からインスタント製品全盛の現代までの歴史を豊富な写真とともに大研究。西洋と東洋のスープの決定的な違い、戦争との意外な関係ほか、最も基本的な料理「スープ」をおもしろく説き明かす。　２０００円

ビールの歴史　《「食」の図書館》

ギャビン・Ｄ・スミス／大間知知子訳

ビール造りは「女の仕事」だった古代、中世の時代から近代的なラガー・ビール誕生の時代、現代の隆盛までのビールの歩みを豊富な写真と共に描く。地ビールや各国ビール事情にもふれた、ビールの文化史！　２０００円

タマゴの歴史　《「食」の図書館》

ダイアン・トゥープス／村上彩訳

タマゴは単なる食べ物ではなく、完璧な形を持つ生命の根源、生命の象徴である。古代の調理法から最新のレシピまで人間とタマゴの関係を「食」から、芸術や工業デザインほか、文化史の視点までひも解く。　２０００円

（価格は税別）

鮭の歴史　《「食」の図書館》

ニコラース・ミンク／大間知知子訳

人間がいかに鮭を獲り、食べ、保存（塩漬け、燻製、缶詰ほか）してきたかを描く、鮭の食文化史。アイヌを含む日本の事例も詳しく記述。意外に短い生鮭の歴史、遺伝子組み換え鮭など最新の動向もつたえる。　2000円

レモンの歴史　《「食」の図書館》

トビー・ゾンネマン／高尾菜つこ訳

しぼって、切って、漬けておいしく、油としても使えるレモンの歴史。信仰や儀式との関係、メディチ家の重要な役割、重病の特効薬など、アラブ人が世界に伝えた果物には驚きのエピソードがいっぱい！　2000円

牛肉の歴史　《「食」の図書館》

ローナ・ピアッティ＝ファーネル／富永佐知子訳

人間が大昔から利用し、食べ、尊敬してきた牛。世界の牛肉利用の歴史、調理法、牛肉と文化の関係等、多角的に描く。成育における問題等にもふれ、「生き物を食べること」の意味を考える。　2000円

ハーブの歴史　《「食」の図書館》

ゲイリー・アレン／竹田円訳

ハーブとは一体なんだろう？　スパイスとの関係は？　それとも毒？　答えの数だけある人間とハーブの物語の数々を紹介。人間の食と医、民族の移動、戦争…ハーブには驚きのエピソードがいっぱい。　2000円

コメの歴史　《「食」の図書館》

レニー・マートン／龍和子訳

アジアと西アフリカで生まれたコメは、いかに世界中へ広がっていったのか。伝播と食べ方の歴史、日本の寿司や酒をはじめとする各地の料理、コメと芸術、コメと祭礼など、コメのすべてをグローバルに描く。　2000円

（価格は税別）

ソースの歴史　《「食」の図書館》

メアリアン・テブン著　伊藤はるみ訳

高級フランス料理からエスニック料理、B級ソースまで…世界中のソースを大研究！　実は難しいソースの定義、進化と伝播の歴史、各国ソースのお国柄、「うま味」の秘密など、ソースの歴史を楽しくたどる。　２２００円

水の歴史　《「食」の図書館》

イアン・ミラー著　甲斐理恵子訳

安全な飲み水の歴史は実は短い。いや、飲めない地域は今も多い。不純物を除去、配管・運搬し、酒や炭酸水として飲み、高級商品にもする…古代から最新事情まで、水の驚きの歴史を描く。　２２００円

オレンジの歴史　《「食」の図書館》

クラリッサ・ハイマン著　大間知知子訳

甘くてジューシー、ちょっぴり苦いオレンジは、エキゾチックな富の象徴、芸術家の霊感の源だった。原産地中国から世界中に伝播した歴史と、さまざまな文化や食生活に残した足跡をたどる。　２２００円

ナッツの歴史　《「食」の図書館》

ケン・アルバーラ著　田口未和訳

クルミ、アーモンド、ピスタチオ…独特の存在感を放つナッツは、ヘルシーな自然食品として再び注目を集めている。世界の食文化にナッツはどのように取り入れられていったのか。多彩なレシピも紹介。　２２００円

ソーセージの歴史　《「食」の図書館》

ゲイリー・アレン著　伊藤綺訳

古代エジプト時代からあったソーセージ。原料、つくり方、食べ方…地域によって驚くほど違う世界中のソーセージの歴史。馬肉や血液、腸以外のケーシング（皮）などの珍しいソーセージについてもふれる。　２２００円

（価格は税別）

脂肪の歴史 《「食」の図書館》
ミシェル・フィリポフ著　服部千佳子訳

絶対に必要だが嫌われ者…脂肪。油、バター、ラードほか、おいしさの要であるだけでなく、豊かさ（同時に「退廃」）の象徴でもある脂肪の驚きの歴史。良い脂肪／悪い脂肪論や代替品の歴史にもふれる。　２２００円

バナナの歴史 《「食」の図書館》
ローナ・ピアッティ＝ファーネル著　大山晶訳

誰もが好きなバナナの歴史は、意外にも波瀾万丈。栽培の始まりから神話や聖書との関係、非情なプランテーション経営、「バナナ大虐殺事件」に至るまで、さまざまな視点でたどる。世界のバナナ料理も紹介。　２２００円

サラダの歴史 《「食」の図書館》
ジュディス・ウェインラウブ著　田口未和訳

緑の葉野菜に塩味のディップ…古代のシンプルなサラダがヨーロッパから世界に伝わるにつれ、風土や文化に合わせて多彩なレシピを生み出していく。前菜から今ではメイン料理にもなったサラダの驚きの歴史。　２２００円

パスタと麵の歴史 《「食」の図書館》
カンタ・シェルク著　龍和子訳

イタリアの伝統的パスタについてはもちろん、悠久の歴史を誇る中国の麵、アメリカのパスタ事情、アジアや中東の麵料理、日本のそば／うどん／即席麵など、世界中のパスタと麵の進化を追う。　２２００円

タマネギとニンニクの歴史 《「食」の図書館》
マーサ・ジェイ著　服部千佳子訳

主役ではないが絶対に欠かせず、吸血鬼を撃退し血液と心臓に良い。古代メソポタミアの昔から続く、タマネギやニンニクなどのアリウム属と人間の深い関係を描く。暮らし、交易、医療…意外な逸話を満載。　２２００円

（価格は税別）